कविता भीतर गूँजे

पूजा राजपूत

Kavita Bheetar Goonje

PoojaHNYRajput

notionpress.com

INDIA · SINGAPORE · MALAYSIA

ISBN 979-8-88749-967-3

कविता भीतर गूँजे.. गूँजे बारम्बार,
चारों ओर अनुभव हूँ करती मैं कविताओं की बौछार।

"ताज़ा ओस की तरह प्रतिदिन भाव उत्पन्न होते हैं,
मैं उन भाव रूप मोतियों की मालाएँ पिरो रही हूँ...धन्य हूँ
कि मैं धनवान हो रही हूँ।"

नमस्कार।

आप सभी का स्वागत है पूजा की भावों की नन्ही सी दुनिया में। ये भाव बड़े ही बेशकीमती हैं, क्योंकि इनसे जुड़े हैं पूजा के माता पिता, उनके संस्कार और हमारा भारत महान। हिंदी भाषा में कविताएँ लिखने में पूजा की सदैव रुचि रही है। इनके हर भाव कविता के रूप में बाहर आते हैं।

पूजा भारत में दिल्ली शहर से हैं और इंग्लैंड में पिछले उन्नीस वर्षों से रह रहीं हैं। हिन्दी कविता लिखने के साथ साथ नृत्य कला और बच्चों को नाटकों में अभिनय सिखाने में इनकी रुचि है.. जिसके माध्यम से बच्चों को उनकी संस्कृति, भाषा, त्यौहार, व्यवहार एवं स्वयं के व्यक्तित्व विकास के प्रयास का अनुभव करने में पूजा उनकी सहायता करती हैं।

कविता लिखने की प्रतिभा इनमें ईश्वर का वरदान रूपी एक बाण है।

"जब आँखों से कोई दृश्य सीधा दिल में उतर आता है, तब वह कविता के रूप में इनके भावों को सुसज्जित कर लहराता है।"

अपनी मातृभूमि से दूर इन्होंने भी अपने भीतर एक नन्हा भारत बसाया है। पूजा कला के माध्यम से उस भारत कोश में हर नए अनुभव एवं ज्ञान धन को भरने में जुटी रहतीं हैं, ताकि इनके भीतर बसे हिंद की नींव की मज़बूती सदैव बनी रहे।

कला, मंच, कार्यक्रम, प्रस्तुति, प्रशंसा एवं प्रोत्साहन हर कलाकार की खुराक है। कल्पना दृष्टि में सजे मंच में पूजा स्वयं को हमेशा खड़ा पाती हैं। सामने श्रोताओं के बीच बैठे होते हैं इनके माता पिता, जिनको पूजा वे अमूल्य क्षण अर्पित

करना चाहती हैं। विदेश में रहकर बड़े मंच का बस वे स्वप्न ही देख पाईं, किंतु देश से दूर रहकर ही अपने लक्ष्य को पूजा समझ पाईं।

इनका लक्ष्य है हिंदी भाषा के प्रचार के चलते प्रेरणात्मक हिंदी कविताएँ लिखते रहना और विदेश में विकसित अपने भारतीय मित्रों संग रचनात्मक कार्य कर और लोगों को भी प्रोत्साहित करना।

यह किताब इनके पूज्य पिता जी को उनके 70वे जन्मदिवस के उपलक्ष्य में एक उपहार स्वरूप एक छोटा सा प्रयास है। यह केवल एक किताब नहीं बल्कि इनके जीवन के महत्वपूर्ण क्षणों के अनुभव का सार है। दूर देश बसी बेटी के मन के भाव कैसे होते हैं? अपनी संस्कृति और भाषा को साथ लिए वह कैसे आगे बड़ रही है? चुनौतियाँ तो सभी के जीवन में हैं, किंतु कला के माध्यम से विदेश में अपनी बोली का प्रचार कर अपनी एक पहचान बनाना भी सरल नहीं है। आप सभी से निवेदन है कि इनकी रचनाओं को अपना असीम प्रेम देकर इनका हौसला बढ़ाएँ। आप सभी के साथ से ही इनमें आगे लिखते रहने की शक्ति स्वस्थ साँसें भरती रहेगी।

Dear Readers,

This is a dream book which Pooja wants to dedicate to her parents. On an auspicious occasion of her father's 70th birthday she decided to present him her poetry collection.

Pooja believe that the artistic genes in her have come from her father and spirituality has been gifted by her mother. For her writing poetry is like meditation. When she sits down with her thoughts, she disappears from this world for a time being. She loves to connect to God through writing. She feels God's presence each time and feel fortunate to have her parent's qualities in her as their blessings. Living apart from each other and meeting after ages is not easy for both parents & their children. Being a proud daughter Pooja is always grateful and she hope the power of their presence will always surrounds her. Her Poems are their teaching. She has promised herself that she will keep writing till her last breath. Her family and friends have always been a great support. with the believe of her loving husband and the blessings of Gurus her dream (to publish her poetry book for her parents) is coming true. Pooja's well-wishers filled so much positive energy in her to accomplish her dream project . Pooja express her immense gratitude to all the all of them.

'कविता भीतर गूँजे' की पाण्डुलिपि मेरी आँखों के सामने है और मेरी उँगलियाँ इसका प्राक्कथन लिखने को उत्सुक हैं, पुस्तक का शीर्षक ही कविता का मूल स्वभाव है, तभी तो बाबा तुलसीदास ने कहा है, "स्वांतः सुखाय तुलसी रघुनाथ गाथा"। बहन पूजा राजपूत ने यह पुस्तक अपने पूज्य पिता जी को समर्पित की है, जिससे यह सिद्ध हो जाता है कि उनके पिता का मन उनका अपना मन है। कई खंडों में विभक्त यह ग्रंथ मूलतः मानव जीवन के उच्चतम आदर्शों का प्रतिबिम्ब है। मुझे इस बात का गर्व है कि मुझे अग्रज भाव से स्नेह करने वाली पूजा ने 19 वर्षों से विदेश में रहने के बाद भी अपने अन्दर सांस्कृतिक रूप से समृद्ध भारत को जीवित रखा है। सम्प्रति ने प्रमाणित किया है कि सप्त सिन्धुओं की भौगोलिक दूरी की विराट लहरों में भी देशप्रेम नौकाएं नहीं डूबा करतीं, बस आपके हृदय में भी भारत के लिए सागर से गहरा प्रेम होना चाहिए।

यह पुस्तक माँ, पिता, देश, धर्म, नारी से लेकर मित्रता तक विषयों पर गहन चिंतन से उपजी उपयोगी कविताओं का संकलन है। माँ को प्रणव मंत्र ॐ के समान बताया है तो खुद माँ होने का अनुभव भी लिखा। एक ओर पिता पर भावुक करने वाली कविताएं है तो अन्य खंडों में देशभक्ति का उच्च गुण भी है, लेखन में इतनी भाव विविधता कवयित्री की अपार क्षमता का परिचायक है। कहीं एक आदर्श मानवीय जीवन की परिकल्पना के साथ नारी उत्थान का व्यापक लक्ष्य है, तो नारी के 'मुख्य अंग' वाली कविता में पत्थर को भी रुलाने का कौशल भी है। इसके अक्षरों में दिव्यांग जनों की पीर भी है और कोरोना की विभीषिका का चित्रण भी इसी पुस्तक में है। विदेशी भोगवाद उनके अन्तर्मन का सनातनी व्यक्तित्व

नहीं छीन सका, सुदूर देश में रहकर भी मर्यादा पुरुषोत्तम राम जी के मन्दिर पर भी उन्होंने कलम चलाई और साथ ही आदिवासियों के दुष्कर जीवन को कविता में रेखांकित करके राम जी के वास्तविक लक्ष्य को भी बल देने का बड़ा काम पूजा जी ने किया है। सबसे विशेष यह कि जिस भाषा ने उन्हें कविता लिखने का अवसर दिया, कवयित्री ने उस माँ हिन्दी को भी पुस्तक में एक पूरा खंड समर्पित किया है। इतनी सूक्ष्म विवेचना के बाद मैं इसे एक सफल पुस्तक और पिता के लिए सर्वश्रेष्ठ उपहार मानता हूँ। एक वाक्य में कहूँ तो

यह ग्रंथ कोई काव्य ग्रंथ नहीं वरन " यह पुस्तक आदर्श मानवीय सभ्यता का चित्रहार है।" माँ सरस्वती आपकी लेखनी को और बल दें, मैं भगवती से अपनी प्रिय बहन पूजा राजपूत के लिए मंगलकामनाएं करता हूँ। ईश्वर तुम्हारी आयु, विद्या, यश और बल में श्री वृद्धि करें।

अक्षय शुभकामनाओं सहित
आपका भाई सुदीप भोला
(सुप्रसिद्ध हास्य कवि)

Acharya Shyam Sunder Sharma (Bhagvatacharya)
Spl. in : Astrology & Karmkand
Email: ptshyamsunder@hotmail.com / ptshyamsunder@yahoo.com
Tel: 0161-861 0606
231 Withington Road, Whalley Range, Manchester, M16 8LU

~ ०ऽ श्री हरिः ०ऽ ~

परम भगवदीया प्रजा राजपूत जब हमारे उपर प्रभु की परमकृपा होती हैं, तब ही कुछ सत्-कर्म करने की प्रेरणा मिलती हैं। जन्म-जन्मान्तरों के संस्कार भगवान कृपा से प्राप्त होती हैं।

प्रजा ने अपने जनों तथा प्रभु का मंगलमय - आशीर्वाद प्राप्त कर "कविता भीतर गूँजें" इस पुस्तिका की रचना की हैं, परम आराध्य वृजेन्द्र-नन्दन प्रभु से प्रार्थना करते हैं। प्रजा की रचना "कविता भीतर गूँजें" जन-जन के हृदय में गूँजे, तथा प्रजा सदा अपना एवं अपने सेवकों का नाम रोशन करें। प्रजा सदैव "गीताभवन" तथा मंदिर के सभी कार्य-क्रमों में तत्पर रहती हैं। और इस प्रकार की रचनाओं से हमारी नई पीढ़ी को सत् प्रेरणा प्राप्त होगी। प्रजा सदा उन्नति के पथ पर चलती रहे यही प्रभु से कर प्रद्धय प्रार्थना करते हुयें।

"राधे राधे"

आचार्य श्यामसुन्दर तथा
राजकुमार कौशल (इस्कॉन मान्चेस्टर)

आचार्य श्याम सुन्दर शर्मा
गीता भवन हिन्दू मंदिर
(मैंचेस्टर यू.के)

Pooja ji ke lekhni mein unka vaiktittav chhipa hai.... kuchh achchha likhne ke liye aapke mann ka khubsurat hona bahot zaruri hota hai, wo jitna achchha likhti hain utna hi khubsurat unka mann hai, saaf-suthra surf excel se dhula hua ekdam Chaka-chak!!

Pooja ji ke likhe huye shabd unke inner beauty se Ru-B-Ru karwati mujhe...

saath samandar par rehne ke baad bhi

"Hindi aur Hindustaan" apne seene se chipkaye huye hain, mahez is baat se hi mujhe un par garva mehsus hoti hain. Apne vatan aur apni bhasha se mohabbat kaise ki jati hai ye baat pooja ji se sikhni chahiye....

Thank you and regards

Jitendra Rai
(Director Matheno Films)

We got connected to Pooja Rajput through our Social Media Channel Dilkibaat.

We were connected with so many artists back then but she's one of those who dedicated all her time to the poetries.

Being a working Mom and managing her family already keeps her busy but still Pooja finds time to expresses her inner feelings with poetries which are inspirational and motivating.

She keeps on improving her writing and visualization every day.

What we love about her is that all her poetries have intensity and depth. She has good listening skills too and that's the reason she understands so many emotions and feelings.

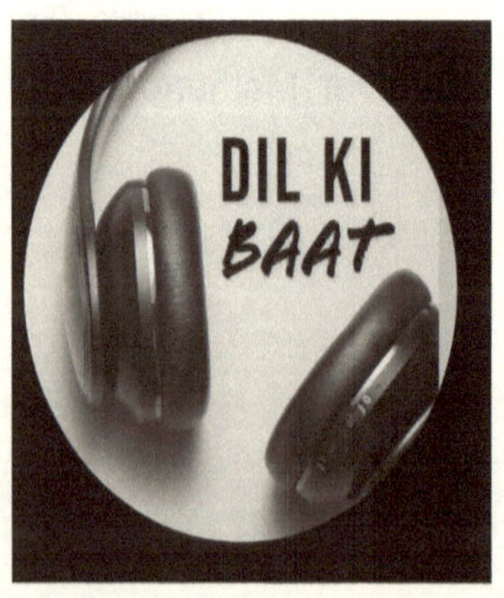

Nikhil Mahadeshwar

DIL KI BAAT

Pooja - It means devotion and Ibaadat to the One Supreme. I find the same depth of emotion and feelings in the kavitas & pankaties written by our most talented, young budding poetess Pooja Rajput. She has her own unique way of putting words together and breathe life into them. They are soothing and inspiring. Her recital of her kavitas is mesmerizing and transport you to a different world.

I wish her all the best for future. And wish her book is a success and look forward to more books from her pen.

Warm regards

Namratta Bedi

President

Hindu Religious Society

I have had the pleasure of knowing Pooja Rajput for 12 years as her neighbour and a dear friend. We have been there for each other through thick and thin while staying in foreign land.

From an ideal wife to a doting mother, I have seen her grow and work for every opportunity that came her way with all her honesty, diligence and sheer dedication.

The quality of her work gives an insight on how her thought process works to every minute detail of an emotion or event. She is an able poet who successfully pens down a well-articulated thought which turns out to be a mesmerising experience for her audience.

This book is her dream project and I would like to congratulate her for conceiving and achieving her vision through her integrity and handwork.

Priti Verma

Secondary school teacher

Manchester UK

I have known Pooja for many years now, and it fills me with immense pride that she is publishing her poetry book!

I have been following her poetry on social media for a while and it's always insightful and has a lot of depth.

I wish nothing but the most resounding success to Pooja in all her endeavours.

God bless and may Maa Saraswati keep blessing you with this beautiful talent of turning feelings so expertly into words.

Jai Mata Di 🙏

Amarjeet Singh Bijli

Singer

विषय सूची

प्रथम खंड - माँ कविताएँ

माँ..."

हर बार जी चाहता है कि मैं कुछ माँ के लिए लिखूँ। लिखने बैठती हूँ माँ को तो बच्चों के भाव लिख आती हूँ। माँ के लिए लिखना क्या इतना भी सरल है? माँ तो वो काव्य है जिसे पढ़ा तो जा सकता है, किंतु पूरी तरह माँ के व्यक्तित्व में ढल कर उसे समझ पाना असंभव है।

आज फिर जी हुआ कुछ माँ के लिए लिखूँ। प्रयास है कि माँ के जीवन से जुड़े कुछ अहम अनुभावों का स्पर्श कर उन्हें कविता रूप में ढाल सकूँ।

A Mother is a poem which can be read, but it is impossible to reach up to the depth of her personality.

There are endless inspiring stories we have heard about mothers. Every poet writes about mothers. But the name itself is so divine that a new born child can express his thoughts for a mother without even saying a single word. I always try to feel the touch of some heartfelt experiences of my mother's life and the thoughts which occur in my mind whenever I miss her. Living far from her makes me miss her more. My mind gets surrounded with various childhood memories and then I try to mold them into poetry. It helps me to gain strength, satisfaction and positivity. I have written many poems for my mother. Here are some of them.

1. माँ ॐ समान।

माँ स्वर ब्रह्माण्ड में गूँजे ॐ समान,

जपता जा जग जीत ले.. माँ सर्व गुणों की खान।

माँ जग जननी.. माँ प्रीत है,

माँ वैद्य माँ ईश समान।

देख सके तो देख ले माँ का रूप लिए है भगवान।

माँ बालक बनके खेल खिलाती,

विद्वानों सा ज्ञान पढ़ाती।

कभी कड़क तो कहीं नरम,

माँ धरा विशाल तू जान।

देख सके तो देख ले माँ का रूप लिए है भगवान।

कोख के रिणि हम सदैव रहेंगे,

माँ तेरे बालक यही कहेंगे।

सारे तीर्थ वहीं बसे,

जहाँ हो माँ का ऊँचा स्थान।

देख सके तो देख ले माँ का रूप लिए है भगवान।

माँ चमत्कार माँ आशीर्वाद,

माँ नाम को नमस्कार।

तू डोर हस्त लकीरों की,

रिश्ते बँधे तेरी गठान।

देख सके तो देख ले माँ का रूप लिए है भगवान।

जब जब उच्चारण माँ का हो,

जीभा कर ले अमृत पान।

श्वास श्वास में बस रही,

माँ रत्न बहुमूल्य पहचान।

देख सके तो देख ले माँ का रूप लिए है भगवान।

माँ सवर ब्रह्माण्ड में गूँजे ॐ समान,

जपता जा जग जीत ले.. माँ सर्व गुणों की खान।

2. माँ की कोख

माँ जो थी तुम्हारी कोख में दुनिया,

इस दुनिया से लाखों भली,

घुप्प अंधेरा मेरा घर था,

धड़कन तुम्हारी थी नज़दीक वहीं।

आवाज़ को सुन मैं राहत को पाती,

तुम संग संग ही रहती थी।

जिस्म तुम्हारे रूह बसी जो,

मेरी पक्की साथी थी।

न चिंता भूख की रहती,
न भोजन का वक़्त मैं तकती थी।
खेल खेल के थकती थी,
फिर उलट पलट के सोती थी।

मुझको क्या दुनियादारी से,
बस तुम में जान ये बसती थी,
तुम्हारे तन की गरमी मे मैं,
सुख के सपने बुनती थी।

उम्र बहुत छोटी थी एवं,
थोड़े वक़्त की सीमा थी।
तुम में तुम संग हर पल रहना,
बस वो ही तो एक दुनिया थी।

बेफ़िक्र थी, भय रहित थी,
माँ शरण तुम्हारी मैं सुरक्षित थी।
इस दुनिया के मोह में पड़कर,
मैं हर उस सुख को खोने लगी।

न भाया माँ बाहर आना,
भारी है सब अनुभव करना।
सीख के बाहर क्या हासिल हो जो,
भीतर सच को खोती मैं रही।

धड़कन तुम्हारी मैं याद करूँ अब,

लोरी वही तो भाती थी,

बाहर के इस शोरगुल में,

अब आवाज़ तुम्हारी व्यस्त हुई।

हाथ पैर सब अंग हैं मेरे,

पर नाड़ वो जाने कहा गई..?

ईश्वर की बाँधी गाँठ थी वो,

जो झूला मुझे झुलाती थी।

मेरा रोना कोई न समझे,

पर तुम तो सब कुछ जानती हो,

माँ तुम में मुझको रहना था,

हर किलकारी कहे गीत वही।

अब तो बड़ते जाना है,

पाकर सब कुछ त्यागना है।

त्याग ही है आधार अगर,

वरदान में कोख तुम्हारी क्यों हासिल थी?

इस दुनिया के है सख़्त नियम,

तुम्हारी कोख में मीठी नरमी थी।

शिशु भी फ़र्क़ बता देगा,

कौन सी कोख मेरी जननी की थी।

माँ जो थी तुम्हारी कोख में दुनिया,
इस दुनिया से लाखों भली।
घुप्प अंधेरा मेरा घर था,
धड़कन तुम्हारी थी नज़दीक वहीं।

3. मैं माँ हूँ।

हाँ मैं माँ हूँ..."

कोख के फूल को गोद में सहलाते

मैं अनगिनत भावनाओं में बह रही हूँ,

सीख रही हूँ मैं माँ बनना

ग़लतियाँ कर मैं ख़ुद के खोट समेटे जा रही हूँ।

बच्चे पालने की विधि में कच्ची मैं,

सबक़ दुनिया से पा रहीं हूँ।

हाँ मैं माँ हूँ...."
व्याकुलता से उत्पन्न अस्थिर विचारों को
मैं अपने व्यक्तित्व में डाल रही हूँ,
बच्चों के हर कार्य हैं पहले
स्वयं को पीछे छोड़ मैं ममता में बहती जा रही हूँ।

भूख बच्चों को नहीं लगी तो,
ख़ुद को भी मैं भूखा रख कमज़ोरी अपना रही हूँ।

हाँ मैं माँ हूँ.."
परवरिश में बच्चों की
हर परेशानी को अपनाती मैं सूखती जा रही हूँ,
भागती, दौड़ती मैं
संसार की हर ख़ुशी अपने बच्चों को देना चाह रही हूँ।

जो वो माँ कह कर झट से गले लगा लें,
उन बहानों को दोहराए जा रही हूँ।

हाँ मैं माँ हूँ.."
अब बच्चे चिड़ने लगे हैं मेरे लाड़ से
उन में पनपते बाहरी आकर्षण से मैं चिंता को पा रही हूँ,
पंख लग चुके हैं उन्हें संसार के
और मैं बस उन्हें उस आकर्षण से प्रभावित होते देख रही हूँ।

स्वयं के अस्तित्व को दोष देती मैं,
चिड़चिड़ी होती जा रही हूँ।

हाँ मैं माँ हूँ.."
कभी तो बच्चे पूछेंगे मुझे
हर बहाने से उन्हें पास बुला रही हूँ,
उनके क़िस्से उनसे सुनने को कान तरसते हैं मेरे
समझाने की कोशिश में मैं हारती जा रही हूँ।

एक दिन बच्चे समझेंगे मुझे,
मस्तिष्क को स्वयं से ढाढ़स बंधा रही हूँ।

हाँ   मैं माँ हूँ....."
अब बच्चे बड़े हो गए हैं मेरे
और फुरसत तो बिलकुल नहीं है उनके पास,
पूछती है दुनिया तो
मैं ये ही राग अलापे जा रही हूँ।

गुणगान उनका करती हूँ मैं हर जगह,
उनकी व्यस्तता को दिल से अपनाने की कोशिश मैं कर
रही हूँ।

हाँ मैं माँ हूँ.."
अपने ही हाथों से

अपने दिल का टुकड़ा दूसरे को सौंप खुश हूँ,
सब कहते हैं
कन्यादान कर मैं भाग्यशाली हूँ।

दुनियादारी और रिवाजों के,
दायरे पर तैनात खड़ी मैं घायल सिपाही हूँ।

हाँ मैं माँ हूँ....."
बेटे को कहाँ सदा अपने आँचल से
बाँध के रखने वाली हूँ?
उसे तो उड़ना है, आगे बढ़ना है,
शिखर सी ऊँचाई वो छू ले बस ये ही मैं चाहती हूँ।

जिसे पाने को मन्नतें माँगी मैंने,
उसका समय पाने को मैं तरसती हूँ।

हाँ मैं माँ हूँ....."
अपने बच्चों को माँ और पिता के "ज़िम्मेदारी " वाले चोले
पहने देख
मैं गौरवान्वित हूँ और हैरान भी हूँ,
कल तक जो माँ- माँ कहते मेरे इर्द गिर्द चक्कर लगाते थे,
आज उनकी व्यस्तता के आगे
उन स्वर्ण क्षणों का स्मरण कर संतुष्टि को पाने की कोशिश
कर रही हूँ।

किंतु जीवन के इस पड़ाव तक पहुँच कर भी,
अपने तजुर्बे को व्यर्थ होता मैं देख रही हूँ।

हाँ मैं माँ हूँ.....”
मैं कोशिश भले कर लेती हूँ
किंतु स्वयं के स्वभाव से हार जाती हूँ,
मैं बार बार संतुष्टि का
झूठा चेहरा लिए थक जाती हूँ।

बीता कल वापस न आता,
यह सोच आज को संवारने में जुट जाती हूँ।

हाँ मैं माँ हूँ.....”
अपने बीते कल को मैं
अपनी बेटी के आज में देख पा रही हूँ,
वो भी मुझे समझती है शायद अब
उसकी आँखों में पछतावे के भाव मैं पढ़ पा रही हूँ।

माँ होना बिलकुल भी आसान नहीं
जीवन भर त्याग के ताप में झुलसती मैं माँ कहलाने का
दमका पा रही हूँ।

ये कहानी है मेरी
और मुझ जैसी हर औरत की जो माँ है,

सब की परिस्थितियाँ तो अलग हैं
किंतु विभिन्न चिंतित चेहरों पर एक जैसे भाव पढ़ रही हूँ।

हाँ मैं माँ हूँ.....”
और मातृत्व भाव की महत्ता समझ पा रही हूँ।

4. मेरी भोली माँ।

प्रेम धन अपार लिए, तुम जन्मी मेरी प्यारी माँ।
सुगंधित करते भाव तुम्हारे, सबको हर्षा दे भोली माँ।

साधारण रूप में विकसित, असाधारण व्यक्तित्व समान।
वीणा की पावन वाणी का, राग हो तुम मेरी सुंदर माँ।

नटखट बन तुम चंचल सी, करो बालक जैसी बातें माँ।
किंतु अक्सर ज्ञान के हेतु, सार्थक होते सभी बखान।

जीवन है सुथरे करमों का मेल, संस्कारी बन तुम उभरी
मेरी माँ।
सुनहरी मिट्टी,शीतल वायु, पावन अग्नि-जल का मिश्रण माँ।

हठी नहीं तुम त्याग की मूर्त, हर भाग को अर्पण
करती माँ।
वह कोष कभी न शून्य हुआ, जिससे ला सुख तुम
देती माँ।

तुम में विकसित संयम सक्षम, दे दूरी को आघात प्रमाण।
तुम बलशाली चट्टान सी ठहरी, संतोष निधि से
तुम धनवान।

चार दिशा मेरी तुम हो, मेरा धन.. मेरी पूँजी माँ।
जब भी स्मरण तुम्हें करूँ, तुम भावों में उभरो काव्य समान।

प्रेम धन अपार लिए, तुम जन्मी मेरी प्यारी माँ।
सुगंधित करते भाव तुम्हारे, सबको हर्षा दे भोली माँ।

5. विकलांग नहीं तेरी सुंदर बेटी।

(Life Without LIMB)

माँ देख तेरी गोद में बैठी मैं

एक सुंदर ख़्वाब सा जन्मी थी,

कोख का कोमल फूल हूँ मैं

मुझे कोमल स्पर्श से तर देना।

तुझसे जुड़ी जो नाड़ थी भीतर

वही तो मेरा गहना थी,

बाहरी हवा में वह सूख गई

अब पहचान मेरी तू ही बनना।

माँ देख मेरी नन्ही सी बाज़ू

जुड़ी हुई जो काँधे से,

मानो जैसे पंख हो ढीले

उड़ान बेजान में तू ही भरना।

तुझ पे हूँ निर्भर हर कार्य समय

सीख रही हूँ धीरे धीरे,

आलस्य नहीं मुझको मंज़ूर

तू हौसले को मेरे थामे रहना।

सब देख रहे हेरानी से
क्या क्या मुझमें सही नहीं
मुझमें विकसित हर कमी को माँ
प्रेम लेप की परत देना।

संगीत मुझे बहुत भाता हैं माँ
तू रागों को मेरे सही सुर देना,
हस्त उँगलियाँ न उभरी
मेरी चित्र कला को गाढ़े रंग देना।

जैसे भाव उत्पन्न हो मुझमें
कानों में तेरे कविता कह दूँगी,
तू कलम मेरी, आवाज़ मेरी
मेरे भावों को चेहरा देना।

मैं तेरा अनमोल रत्न
हर कोशिश में घिसती जाती हूँ,
हीरा हूँ इस जग को मेरी
चमक से अवगत तू करना।

मैं जन्मी हूँ बन भाग्य तेरा
तू भाग्य से मेरी बंधी रहना,
मेरी कला में आग हैं तुझसे उत्पन्न
तपती है तू बन सोना।

मुझमें एक तो खूबी है
चाहे सक्षम हर क्षेत्र नहीं,
मैं एक उदाहरण जीवन का
मुझमें आशा का आधार भरा।

मुझमें अतीत की ज्वाला है
जिसने मुझको चट्टान बनाया,
शिखर प्रेरणा बन सज संवरी
मुझे सूर्य लालिमा सा है खिलना।

मैं बुझे हुए का दीपक हूँ
मुस्कान बाँट खुश रहती हूँ,
मुझमें विकसित सकारात्मकता से
जग को शिक्षा मेरे संग देना।

विकलांग नहीं तेरी सुंदर बेटी
मैं तेरी उम्मीद का सेतु हूँ,
दिव्य अंग के सहयोगी बल से
उद्देश मेरा हैं प्रेरक बनना।

माँ देख तेरी गोद में बैठी मैं
एक सुंदर ख़्वाब सा जन्मी थी,
कोख का कोमल फूल हूँ मैं
मुझे कोमल स्पर्श से तर देना।

6. माँ तुझसे मैं दूर भले हूँ..."

माँ तुझसे मैं दूर भले हूँ, तेरा अंश ही हूँ।
वृक्ष से निकले फूलों के बीजों की, भाँति में पनपूँ।
तेरी काया, तेरी बुद्धि, धैर्य तेरा मैं बनूँ,
जैसे तू बनी त्याग की देवी, मैं भी सीख रही हूँ।

माँ तेरी वाणी मुझ में जीवित, तुझे मैं मुझमें सुनूँ।
जहाँ जहाँ पग ग़लत उठें, उन्हें स्वयं से ठीक करूँ।
हाथों में भी तेरे हाथों का, वही आकार देखूँ।
मस्तक पे वही गहरी धारियाँ, उन्हें वरदान कहूँ।

माँ हर मौसम मुझे सताए, मैं ऋतुओं का गीत बनूँ।
शीत में सरसों सी पकती तू, बसंत में फूल ही फूल ।
ग्रीष्म के मीठे आमों की डाली, फ़ालसे और शहतूत।
वर्षा ऋतु में गर्म पकोड़े, शरद सी सुंदर..हेमंत की धुँध।

सारे मौसम, सारी सदियाँ, जीवन समर्पण मैं कर दूँ।
जब जब उखड़े मन मेरा, मैं प्रकृति में तुझको पा लूँ।
सीख रही हूँ, कर भी रहीं हूँ, तेरी भाँति मैं बनूँ ।
सुनना चाहूँ मैं इस जग से, कि मैं तेरी शिष्य ही हूँ।

माँ तुझसे मैं दूर भले हूँ, तेरा अंश ही हूँ।

वृक्ष से निकले.. फूलों के बीजों की भाँति में पनपूँ।

तेरी काया, तेरी बुद्धी, धैर्य तेरा मैं बनूँ।

जैसे तू बनी त्याग की देवी, मैं भी सीख रही हूँ।

7. माँ तेरी काया मेरी भी।

तेरी काया से, तेरे जी से,
तेरी साँसों से बात करती हूँ।
तेरी महानता के त्याग से,
मैं ये पूछती हूँ।

क्या मिला? मिली संतुष्टि?
कि हम एक अंग, दो होके अब रहते हैं अलग।
क्या मिल गए दमके तुझे?
कि मैं हूँ अलग और तू है अलग।

समझती हूँ मैं कि है रीत ये,
तेरी गति मुझमें चले है इस डगर और तू उस डगर।
बटोरने मैं भी तोहफ़े और सौग़ात,
सालों में दिखाती हूँ अपनी शक्ल।

एक मिसाल बन जाना,
किसी को न कहना, चुप्पी साधे हर वक़्त।
अरे चल दुनिया को न सही,
मुझसे तो बाँट ले तू दर्द-ए-दिल का सबब।

मैं मेरे मन का हाल कह रहीं हूँ,

तुझसे नहीं पर ख़ुद के मन से बात कर रहीं हूँ।

मुझे लगता है सब मेरा है,

तेरा दिया संजोए, तुझे याद कर रहीं हूँ।

माँ काश मैं तेरे अंग का हिस्सा बन तेरे साथ होती,

तेरी साँसों में उठती धुन मैं ही होती।

तेरे दिल की धड़कन होती, तुझमें तरन्नुम बन मैं जीती,

माँ काश मैं हमेशा तेरी ही बन के रहती।

भारी नैनों पे ख़्वाब ढोती जाती हूँ,

तू बेफ़िक्री रखना, मैं ख़ुद से ही बतियाती हूँ।

ये लफ़्ज़ लुका- छुपी रोज़ खेलने आते हैं,

कविता को रोज़ बुलाती हूँ, शब्दों से लाड़ लड़ाती हूँ।

तेरी काया से, तेरे जी से,

तेरी साँसों से बात करती हूँ।

तेरी महानता के त्याग से,

मैं ये पूछती हूँ।

8. माँ के जैसा कोई नहीं।

माँ मैंने दुनिया को बहुत टटोला,
मुझे दूसरी कोई तुम जैसी न मिली।

तुम्हारा नाम लिए मिलीं तो बहुत,
पर तुम्हारी वो मासूमियत किसी में न मिली।

धान की तरह ईमान को हर ओर बोया मैंने,
हर बार मेरी फसल को तुम्हारी पहरेदारी न मिली।

ख़ुद से ही पिसती रही मैं जौ की तरह,
गेहूँ के दानों जैसे मेरे अरमानों को तुम्हारी
परिपक्वता न मिली।

कच्ची कलियों सी थीं मेरी नादानियाँ,
मैं पकती गई और बटोरती गई अनुभव..
किन्तु तुमसे बाँटने की घड़ी न कभी मिली।

सब्र के साथ हरे पत्तों को पीला हो कर ढहते देखा मैंने,
तुम्हारी खोज में भटकती मैं बिखरे उन पत्तों से जा मिली।

कीचड़ में बदलते पीले पत्तों की कहानी जो सुनी मैंने,
मुझे उनमें कहीं तुम्हारी और मेरी मिलती जुलती कहानी
तो मिली।

मैं भी गीले पत्तों की तरह मिट्टी में घुलना चाहती हूँ,
मिट्टी की ठंडी तासीर में मुझे तुम्हारी महक भरपूर मिली।

हर एक से स्नेह रखने की मेरी आदत में हो तुम,
हर एक से दिल न लगाने की मौज भी तुम्हीं से मुझको
है मिली।

क्षमा और मोक्ष के पथ पर तुम्हारा अक्स मिलता है मुझे,
वो तीर्थ है मेरा जिस मार्ग पे तुम्हारी शिक्षा सदैव मुझे
है मिली।

तुम निःसंदेह एक ही हो पूरे ब्रह्माण्ड में,
मुझे प्रकृति की जागती सूरत में तुम्हारी छवि स्पर्श स्वरूप
अवश्य है मिली।

किन्तु माँ! मैंने दुनिया को बहुत टटोला,
निःसंदेह मुझे दूसरी कोई तुम जैसी न मिली।

९. माँ मैं तेरा लिबास होता।

माँ काश मैं तेरा लिबास होता,
उम्र छोटी रहती पर हर दम तेरे पास होता।

तू दुपट्टे सा मुझे ओढ़ती,
मैं गले से तेरे लिपटा रहता।

तेरे काँधो के तीरे सा बन,
तन के मैं संग तेरे चलता।

ढकी बाज़ुएँ बन मैं तुझे थामे रहता,
बनके बटन तेरी कुर्ती के पास दिल के रहता।

तेरी सलवार के पौंचे का कोना बनके,
तेरे पैरों के स्पर्श को अकसर महसूस करता।

एक हद तक सीमित मेरे वजूद का क़द होता,
जब तलक जीता तेरा बन के रहता।

माँ काश मैं तेरा लिबास होता,
उम्र छोटी रहती पर हर दम तेरे पास होता।

10. वाह री माँ तू तो कमाल ही कर देती है।

(चित्र के लिए गूगल को आभार)

वाह री माँ! तू तो कमाल ही कर देती है,
क़ब्र में सोई हुई तू चिथड़े मेरे सिल देती है।

ज़माने से क्या शिकायत वो है वक़्त की रफ़्तार पर,
मेरी तो दुनिया ही तेरे जाने से थमती दिखती है।

मैं आ गिरता हूँ तेरी मिट्टी पर सिसकता हुआ,
अपने दुखों का बोझ तुझपे छोड़ता हुआ।

तू चीर के कब्र मेरी रूह को छू लेती है,
दिखती नहीं मुझे पर जख्मों पर दुलार मलहम भरती है।

ये मेरा यक़ीन है तू ज़हन से ही मुझे चूम लेती है,
मेरी बाँहें खुली तो हवाँ बन तू मुझमें समा ख़ुश होती है।

गिरते आँसू मेरे तेरी मिट्टी में ऐसे मिल जाते हैं,
मानो वो ज़मीन तेरी मुझे मेरा मकान नज़र आती है।

माँ मुझमें यक़ीन और दुलार हमेशा भरती है,
उधड़ने न लगे अटल आस..पक्की गाँठ भी लगा देती है।

मेरी अनूँठी माँ की सेवा में मैं ख़ुद को समर्पित करता हूँ,
भीतर भावनात्मक रहस्यमय टाँको को माँ गुप्त रखती है।

वाह री माँ! तू तो कमाल ही कर देती है,
क़ब्र में सोई हुई तू चिथड़े मेरे सिल देती है।

11. माँ एक एहसास है।

माँ एक एहसास है.. जो पल पल मुझमें उठता है,
मुझमें पलते गुण उसके.. हर दर्पण चेहरा वह दिखता है।

माँ मेरी एक आस है.. हर कोशिश उसका आशीर्वाद है,
हर अंधेरा चीर कर आती.. वह दुआओं में विकसित
प्रकाश है।

माँ मुझमें समर्पित विश्वास है.. सोच से जुड़ता एक
विचार है,
दूरी को न्यून करती ताक़त है माँ.. मेरा जीवन देता
प्रमाण है।

माँ उगता सूरज,उभरता चंद्रमा है.. प्रेरणा परिपूर्ण, हीरे
की खान है,
जहाँ हारती है उम्मीदें.. वहाँ माँ का आँचल देता विश्राम है।

माँ सूनी कुटिया की रौनक है.. घर माँ से है, माँ के अनेकों
बलिदान हैं,
बच्चों पे निछावर कर दे जीवन.. माँ का हृदय दिव्य
स्थान है।

सुझावों की कुंजी है माँ, उलझे सवालों का हल है,
जीवन में पड़ी गठानों को जो खोल कर सँवारे.. राहत देना ही
उसकी काम है।

माँ दूर होकर भी बेहद पास है.. प्रार्थना में जुड़ते अपने मन
के तार हैं,
मैं माँ से हूँ पनपी.. हूँ उसका अंश..मेरी हर हरकत देती
उसकी पहचान है।

माँ का सबसे ऊँचा स्थान है.. यह जीवन माँ की देन है,
अधिकार से नहीं.. समर्पण से पाया उसने यह नाम है।

माँ एक एहसास है.. जो पल पल मुझमें उठता है,
मुझमें पलते गुण उसके.. हर दर्पण चेहरा वह दिखता है।

12. जी हल्का हो गया

माँ आज तेरे चेहरे को पढ़ हृदय भावुक हो गया,
तेरी लाचार बेटी के चंद अश्रु बहे और जी हल्का हो गया।

तू स्वयं में शक्ति है, तू दया की पात्र नहीं,
उगते सूर्य के भाँति तेरे तेज से मुझे हौंसला मिल गया।

तेरे जीवन के प्रतिएक संघर्ष का आभास फिर जगा,
तेरे प्रेरणात्मक व्यक्तित्व के आगे सिर कृतज्ञता से
झुक गया।

तेरी पीढ़ा का अनुभव कम है मुझे, तू ऐसा न सोचना माँ,
तेरी तरह देख रेख करने का मेरा स्वप्न अधूरा ही रह गया।

माँ तेरे दर्द को देख मैं अश्रु न रोक पाई आज,
यह मेरा प्रेम है तेरे लिए जिसका बाँध आज एक कोने से
ढीला पड़ गया।

तू वीरांगना है, ममतामय है, धैर्यशील एवं उत्तम
आदर्श है माँ,
तेरे भोले रूप में आज, माँ दुर्गा का दर्श मुझे मिल गया।

माँ आज तेरे चेहरे को पढ़ हृदय भावुक हो गया,
तेरी लाचार बेटी के चंद अश्रु बहे और जी हल्का हो गया।

13. माँ तेरे होने का एहसास।

माँ तेरे होने का एहसास

पाक ज़मीर को पा जाने जैसा है,

तू ज़हन में हर पल साथ है

तेरा वजूद मुझमें जीता है।

जिस्म भले अब जुदा हैं अपने

पर मैं धड़कन तेरी अब भी सुन लेता हूँ,

सन्नाटे भाने लगे हैं मुझको

मैं सन्नाटों में मिलता हूँ तुझको।

मिलना क्या माँ तू संग ही है

पर माँ हाथ तुझे थामना चाहता है,

समझा चुका हूँ इसे मैं सो सो बारी

कि तेरा वजूद मुझमें ही जीता है।

फिर भी कमी कोई क्यों खलती है?
माँ मैं पछतावे में क्यों रह जाता हूँ..?
भटकता है दिल संसार में ऐसे
जैसे कुआँ हूँ पर अपने अंदर की प्यास भुजा नहीं मैं
पाता हूँ।
ऐसा भारी वक़्त क्यों आया?
कोरोना आज भी ज़िंदगियाँ उजाड़े जाता है,
दोहरता हूँ रोज़ मैं ख़ुद से कि
माँ तेरा वजूद मुझमें ही जीता है।

मैं बचपन से ही मस्त मगन था
मन मौजी बन अपने में ही रहता था,
माँ दूरी को हमने बरसों ही पहले
अपनाया था क्योंकि आगे जो बढ़ना था।
जो भी हो माँ तू ज़िंदा तो थी
अब कोई न मुझको तुझसा भाता है,
फ़ोन स्क्रीन पे नाम लिखा माँ
ऐसा कॉल न मुझको अब आता है।
दोहरता हूँ रोज़ मैं ख़ुद से
कि माँ तेरा वजूद मुझमें ही जीता है।

एक शिकायत है उस रब से मुझको
क्यों परिवार का सुख एक हद तक ही सबको मिलता है?
बचपन में सब संग संग रहते

बाद में जीवन सबका तितर-बितर क्यों हो जाता है?

उस पर क़हर कोरोना जो बरपा दुनिया में

कितने माँ बाप का साया इसने निगला है,

मुझमें मेरा अब बचा कुछ नहीं

बस एक तेरा वजूद ही मुझमें जीता है।

है मेरा वादा तुझसे माँ

मैं तेरे नक़्शेक़दम पे चलता जाऊँगा,

तेरे जितना महान तो नहीं

पर मैं कोशिश कभी न छोड़ूँगा।

तुझसे पाई हर तालीम अम्ल कर

मैं फ़ख़्र तुझे कराऊँगा,

तू तारों में बस जाना माँ

मैं रोज़ तुझे देख राहत को पाऊँगा।

माँ तेरे होने का एहसास

पाक ज़मीर को पा जाने जैसा है।

तू ज़हन में हर पल साथ है

तेरा वजूद मुझमें जीता है।

14. माँ ख़ुदा है और ख़ुदा माँ है।

आख़िर कैसे पहुँचता वो एक ख़ुदा,
घर घर सुकून की छाँव बनकर।

अज़ीम ताक़त है वो जो दिखती नहीं,
पर रहता है हर पल साथ एक एहसास बन कर।

कतरा कतरा वारा है उस ख़ुदा ने अपना,
घर घर माँ की पहचान में रल मिल कर।

"माँ ख़ुदा है.. और ख़ुदा माँ है..."

दूर बैठे बच्चे से पूछो कैसे पा लेता है वो माँ का साया
माँ से दूर रहकर......!"

15. माँ तुझे हर रूप मे मेने सुंदर पाया है।

माँ तुझे हर रूप में मैंने सुंदर पाया है,

मन तेरा पवित्र स्थल एवं उज्जवल काया है।

ईश्वर ने तेरे हाथों में हर हुनर भर डाला है,

बच्चों के हर दर्द को तेरा स्पर्श ही प्यारा है।

तुझे लोभ नहीं बस परवाह होती है,

बच्चों के जीवन में तुझ से ही सुख समाया है।

फल से लदी डाल के जैसे झुकती..फल देती है,

तेरी खुली बाँहें माँ घने वृक्ष की छाया है।

माया का क्या मोल भला है?

अमूल्य प्रेम ने जग के लोभ को मार गिराया है।

निस्वार्थ है तेरा साथ, न बदले के है भाव,

वाणी में आश्वासन, भावों ने दया सागर बहाया है।

मेरी हर हरकत में मौजूद है माँ,

दूर भला है कैसे? व्यक्तित्व में मेरे छाप को अपनी "माँ" ने
बसाया है।

हर दिन हर क्षण है ध्यान में रहती,

संजीवनी पर्वत के भाँति उसकी दुआओं का साया है।

एक नहीं हर दिन है "माँ" का!

सेवा, भक्ति, ज्ञान एवं अन्य गुणों का मिश्रण हमने माँ में पाया है।

माँ की ख़ुशबू में है वो जादू है,

गोद में इसकी सिर रख कर हर दुविधा को मैंने मार भगाया है।

हार जीत नहीं साथ हमेशा,

माँ के स्पर्श को अनुभव कर राहत धन को मैंने पाया है।

सौभाग्य है मेरा, मैंने माँ तुझको पाया,

तूने जन्म दिया मुझको, मेरा जीवन तारा है।

माँ तुझे हर रूप में मैंने सुंदर पाया है,

मन तेरा पवित्र स्थल एवं उज्जवल काया है।

16. माँ तुम कितनी सुंदर हो।

मेरी माँ तो दूर है रहती

तुम हर पल मेरे निकट खड़ी हो,

धूप छाँव हैं प्रति दिनचर्या

हर एक परिस्थिति साथ जुड़ी हो।

जीवन में कई रिश्ते पाए

हर रिश्ते की गहरी नींव तुम्हीं हो,

घर की शोभा तुम से है

माँ तुम कितनी सुंदर हो।

बोल तुम्हारे हैं गुरू की वाणी

सीख मुझे हर राह देती हो,

गुण तुम्हारे अमृत की धारा

सब में बाँट भला करती हो।

जो भी सीख मिली माँ तुमसे

चित में मेने भर दी सब वो,

सही मार्ग पल पल दिखलाती

माँ तुम पथप्रदर्शक हो।

कोमल स्पर्श मस्तक को मिलता
प्रेम से हाथ जब तुम रखती हो,
लाड़ मुझे मेरे माईके का
एक ही क्षण पहुँचा देती हो।
माँ मौसी या नन्द जैठानी
रिश्तों का अनुभव करा देती हो,
संग सहेली का भी देती
माँ तुम प्रिय सखी ही हो।

पोतियों को मिला प्रेम का सागर
जग की सबसे प्यारी दादी हो,
खेलती हो, संग घूमती हो
हर सरगम पे झूमती हो।
सबसे पहले बच्चों की माँग
तुम ही तो पहचानती हो,
मुझमें क्षमता थोड़ी है
माँ तुम पूरी हर इच्छा करती हो।

साथ तुम्हारा.. प्यार तुम्हारा
आशीर्वाद भरपूर दो सबको,
क़िस्मत से माँ तुमको पाकर
धनी हुए हैं हम बच्चे तो।
रब से दुआ हमेशा है
अच्छा स्वास्थ्य सौंपें वह तुमको,

तुमसे ही ये घर घर है लगता
माँ तुम अन्नपूर्णा हो।

माँ तुम कितनी सुंदर हो...."

17. माँ मंदिर है।

ममता का मंदिर कैसा है दिखता
ईश्वर की प्रतिमा कैसी होती है?
उत्तर दोनों प्रश्नों का एक है
माँ में सृष्टि बसती है।

आजीवन खोजते रह जाओगे
भटक भटक कर रह जाओगे,
माँ के स्पर्श की तीव्रता प्रचंड है
क्षण क्षण वह अनुभव होती है।

जिस भी रूप में स्नेह बरसाए
माँ साक्षात दुर्गा होती है,
चरणों में माँ के दुनिया के सुख हैं
मस्तक पे सूर्य की किरणें सुसज्जित होती हैं।

कोटी कोटी नमन माँ प्रिय तुम्हें
तुम में हर भाव विभूति है,
माँ हाँ! तुम हो मंदिर इस घर का
और प्रभावित दुनिया भी होती है।

उत्तर सभी प्रश्नों का एक है
माँ में सृष्टि बसती है...''

18. अलौकिक शक्ति।

तू जिस कोख से पनपा है उसके ताप का तोड़ न होगा।
जग में मुझ अलौकिक शक्ति सा पावन रूप न कोई होगा।

बालक तुझको ज्ञात नहीं ममता किस माटी से है बनी,
स्वयं उठाए कष्ट सभी, बन ढाल खड़ी तुझे आभास न होगा।

काली रूप को धारण कर मेरा रूप सदैव खिलेगा,
मैं हर लूँगी हर पीढ़ा तेरी, रक्षा कवच बन मेरा तेज सजेगा।

तू जिस काल में जन्मा है, है कलियुग अतः जीवन
असाधारण होगा,
पग पग तेरी बला उतारूँ, मेरी चिंता का एक ही
कारण न होगा।

तुझे दुलार देती काया का माना एक दिन ढलना होगा,
किंतु भीतर अलौकिक शक्ति का दिव्य तेज परास्त
कभी न होगा।

तू जिस कोख से पनपा है उसके ताप का तोड़ न होगा,
जग में मुझ अलौकिक शक्ति सा पावन रूप न कोई होगा।

19. एक तू है सीधी... है उल्टी दुनिया।

(चित्र के लिए गूगल को आभार)

माँ इस उलटी दुनिया में बस एक तू ही सीधी दिखती है,
मुझे गिरने न देना बाँहों से.. ज़मीन सख़्त पत्थर सी मुझे
लगती है।

कैसे चलती है तू हर मंज़िल यूँ मुझे ढोकर?
तेरे माथे पर थकती लकीरें गहरी नज़र आती हैं।

मैं ताकता रहता हूँ एक एक भाव तेरा,
तेरी सुंदरता में ईश्वरीय आकृति दिख जाती है।

"तू बँधा है मेरी कोख से इस तरह,
बाहर होकर भी नसें मेरी तेरी जकड़ न छोड़ कभी पातीं हैं।

बोझ की तू चिंता न कर ऐ मेरे बालक,
मेरी आदतें तेरी ज़रूरतें लादे आगे को बड़ती जाती हैं।

और कुछ हैं फ़र्ज़.. क़र्ज़ इस दुनिया के मुझपर,
माँ बनने की ज़िम्मेदारी यूँ ही नहीं मिल जाती है।

अक्सर थकते गिर पड़ती हूँ और फिर उठती हूँ,
तुझसे ममता ही जीवन में अहम वजह समझ आती है।

हाँ इस उलटी दुनिया में माँ ही सही दिशा दिखाती है.."

20. पहली दूध की धार।

(चित्र के लिए गूगल को आभार)

जब पहली दूध की धार उठी बौछार नयन से बरस रही,
वे मेघ मातृत्व भाव भरे, वह पीढ़ा राग दुलार की थी।

साँझ सवेरे एक से थे, गहरी नींद भी जाग रही,
केश खुले जंजाल दिखे, स्वेद में भीगी बाँह भरी।

सहनशक्ति वरदान लिए माँ अपने अंश से कह रही,
तू जन्मा रूप आविष्कार लिए, तुझे पाकर मैं तो सफल हुई।

थकन उठे या कमर झुके, मन क्यों परिवाद की बात उठी,
सब सहना है कर्तव्य कहे, न अलग लिखी यह बात हुई।

तन टूटे या मन रूठे.. वह अंश गोद लिए सब त्याग रही,
कानों में उठती तानो की बौछार से खिजते मन को
बाँध रही।

एक एक क्षण एवं पूर्ण मनन, शिशु वृद्धि विस्तार वह
जाप रही,
जवाब दे रही काया पर सांसारिक सभी धर्म वह निभा रही।

धन्य है तू जननी माँ देवी! सत्य प्रतीक है एक तू ही,
अंश को भी न ज्ञात भला माँ कब बन अश्रु धार बही।

यह चित्र विचित्र सी बात कहे, माँ बन करुणामूर्ति यहाँ सजी,
आख़िर माँ भी जीव ही है, वह थकती पर न हार रही।

द्वितीय खंड - पिता

पूर्वजों की विरासत में ऐसा क्या है जो सदैव एक कड़ी की भाँति आती पीढ़ी से जुड़कर आगे बढ़ता जाता है? ऐसी कौन अलौकिक सी शक्ति है जो हमें जीवन में निरंतर वृद्धि की ओर बढ़ने के लिए परिश्रम के मार्ग को पाने की कला सिखाने में सहायक सिद्ध हुई है।

माना हम बच्चे नहीं हैं और एक दिन सभी ने बड़े हो जाना है। साथ ही हर प्रकार के शिक्षण से जीवन जीने की विभिन्न विधियाँ भी हम सीख लेते हैं। किंतु कुछ तो है जो हर क्षण साथ है, हम से जुड़ा है और अद्वितीय है।

वर्षों से चली आ रही पारिवारिक परम्पराएँ हमें संस्कृति से तो जोड़ती ही हैं, साथ ही वे संस्कारों की पूँजी हमारे व्यक्तित्व कोश में भरती भी रहती हैं। मुझे लगता है कि संस्कार हम में माता पिता के बोए वह बीज हैं जो उन्हें भी विरासत में उनके माता पिता से मिले थे। यानी यह विधि परम्परागत है। और जब बात विरासत की हो तो केवल धन, दौलत, ज़मीन, नाम, जायदाद आदि ही क्यों? क्या ये सभी वस्तुएँ मिट्टी से नहीं जनीं, जिससे हम भी बने हैं? ये सभी अस्थायी हैं।

विरासत वह अमूल्य प्राण हैं जो हमें आजीवन अपने स्पर्श का अनुभव तो देते ही हैं, साथ ही हमारी मृत्यु के पश्चात् भी उनका प्रभाव पीढ़ी दर पीढ़ी बना रहता है। विरासत हम में समाया ज्ञान है, जिसके माध्यम से हम स्वयं को सदैव धनवान मानते हैं। विरासत न फल है, न माया, न भोग और न ही महँगे अधिकार जो नियम अनुसार माता पिता से हमें बड़े होने पर प्राप्त होते हैं। विरासत तो हमारी रगों में है...लाल रक्त की भाँति दौड़ते हुए...!

जब अनेकों सुख एक विरासत रूपी निधि से जुड़ें हो, तब भौतिकवादी वस्तुओं की कोई महत्ता नहीं रहती।

मेरे लिए मेरी विरासत मेरे पिता हैं। जिन्हें मेरे पूर्वजों ने मुझे सौंपा और मुझपे मेरे पिता का प्रभाव जीवन भर रहेगा।

इतना ही नहीं, मैं ईश्वर से प्रार्थना करूँगी कि मेरे जाने के बाद भी संसार मुझे मेरे माता पिता के नाम से जाने। क्योंकि मेरे माता पिता मुझे मेरे पूर्वजों से मिली विरासत है।

ME AND MY FATHER

Two souls are living apart but they are together…"

My whole life is dedicated to my father. I have always wished to make him proud. In my imagination I see a beautiful stage where I'm performing in front of a big audience. And in the audience, I could see my parents, who are happy and shy, but very much proud. I continue to imagine that I'm going to receive an award on that same stage with my parents. And there I dedicate a nice speech for my father. Being a daughter, I wished for so many special things for my father. But because of the distance I could only dream.

Now through this Poetry book I'm hoping my dream will become real. Not hundred percent professionally presented but at least I would be able to bring a nice smile on his face.

Here are some of my poems for my father.

1. जो है विरासत पूर्वजों की।

जो है विरासत पूर्वजों की

माँ मेरी का मान है,

आदर्श है भाई का और

मुझमें मेरी पहचान है।

संयम को साधे चल रहा

रखे धैर्य पूँजी पास है,

वर्षों से देखा मैंने भी

न हुआ कभी वह हताश है।

मार्ग है नेकी का वो

सत्यता का गान है,

सन्मार्ग है उसकी छवि

चाहे दूर हो या पास है।

संतुष्टि उसके मुख सजे

हर हाल में वो शांत है,

निष्कपट स्वभाव है

वो सादगी की मिसाल है।

कौन है प्रेरक मेरा

और क्यों वो इतना ख़ास है?

संस्कारों की ध्वनि
मुझमें बसा बन राग है।
मेरी हंसी, अश्रु मेरे
शक्ति मेरी और ढाल है,
झुकता मेरा है सर जहाँ
वह दर मेरा संसार है।

वो पिता हैं
और पिता के रूप में वो कमाल हैं,
न शिकायत वो करें
तके दूर से मेरी राह हैं।
जिस बीज का मैं अंश हूँ
स्वभाव उसका कमाल है,
उसकी भाँति थोड़ा भी जो
बनी तो जीना साकार है।

मेरे पिता हैं घर का आँगन
धूप छाँव हैं ओढ़ते,
गर्मियों में शीतल पवन बन
परिवार को सुख सौंपते।
शीत में अंगीठी से हैं
स्वयं तप घर सेंकते,
बरखा हो या हो लू थपेडे
उत्साह कभी न छोड़ते।

द्वार हैं प्रवेश का
चौकसी में हर क्षण वो खड़े,
कष्टों को बाहर पछाड़े
भीतर आनंद के उत्सव पलें।
जिनकी दृष्टि में समाई
सबकी पीढ़ा और ख़ुशी,
वो पिता संसार में
ईश्वर मूर्ति जीती जागती।

व्यक्तित्व को सम्मान है
पिता नाम को सम्मान है,
जिसका पूरा जीवन ही
बलिदान रूपी ज्ञान है।
मेरे पिता मेरी धरा
मेरा गगन महान है,
गर्व है मुझ बेटी को
मेरे पिता मेरी शान है।

जो है विरासत पूर्वजों की
माँ मेरी का मान है,
आदर्श है भाई का और
मुझमें मेरी पहचान है.........!

2. मुहल्ले की पगडंडी।

जब भी मुहल्ले की पगडंडी पर कोई पिता टहलते दिखें,
आपकी धारणा लिए मेरे नयन उनको तकें।

फिर कल्पना हो कि आप भी यू ही सैर तो करते होगें,
कभी सुबह तो कभी शाम किसी पगडंडी पर खड़े होगें।

यह भावनाएँ विशेष है और मेरी कल्पना शक्ति भी तेज़ है,
मेरे मन के तार से आपके भी नयन जुड़ते तो होंगे।

देखते ही देखते वर्षों का जैसे ताँता ही लग गया,
फ़ासले स्वीकार कर आप भी मुझसे मन में बतियाते
तो होंगे।

आपकी ताक़त का अंदाज मेने उसी दिन था लगा लिया,
मेरी रूकसती पर आपकी चुप्पी ने बाँध आँसुओं के
रोके होंगे।

और मेरी ताक़त का अंदाज़ा मुझे तब जा कर हुआ,
जब क़िस्मत की लिखी स्वीकार कर मेरे क़दम आगे
बढ़ें होंगे।

आज जब भी में निकल पड़ती हूँ पगडंडी पे टहलने कहीं,
क़दम यहाँ एवं चित आपको घेरे.. आप महसूस करते
तो होंगे?

एकांत में टहलना रास आ रहा है मुझे,
शायद इसी बहाने दूर कहीं एक से इत्तफ़ाक़ होते तो होंगे।

जब भी मुहल्ले की पगडंडी पे कोई पिता टहलते दिखें,
तब आपकी धारणा लिए मेरे नयन उनको तकें......."

3. My Dad Is My Hero

स्नेह आपका पाया,
पुत्री बन आपकी गर्व मुझे सदेव हो आया।
धनवान हुआ है जीवन,
करमों में अस्तित्व आपका सदैव नज़र है आया।

गाढ़े रंग है दुनिया के,
कुछ अच्छे और बाक़ी भद्दे छींट से उठते,
कवच बनी जो शख़्सियत आपकी,
मुझपर कोई दाग न उड़कर आया।

है काँधे मज़बूत और करूणामय आँखें,
हर लाड़ को मेरे बाबुल ने अपनी पलकों पे बैठाया।
पूजा "My Doll" जब भी पुकारा आपने,
भावुक हो मेरा दिल भर आया।

गुत्थी है, जंजाल है जीवन,
देख आपको हर दुविधा भूलकर मन मुस्कुराया,
गुंजल उलझे सुलझते जाएँ,
आपके शब्दों का मस्तिष्क पे गहरा असर है पाया।

"My Dad Is My Hero" मन गाता न थकता,

न ज़ुबाँ पे फ़र्क़ है आया,

आपके पदचिह्न हैं जीवन दर्पण,

उचित दिशा ले जाते विचारों ने है धरा पे मुझे टिकाया।

पापा मेरे साथ ही रहना,

आप सा साथी न कोई और मुझे है भाया।

आपकी बेटी बन दुनिया में आई मैं,

हर जन्म संग हो आपका साया।

4. मेरा बाबुल।

बाबुल ने मेरे दी जो निशानी,
मेरे दिल में बसती है उसकी कहानी।
बचपन की यादें, जवानी की बातें,
याद आ रही है वो अपनी कहानी।

जो तपती थी धरती और पाँव थे नंगे,
वो लेकर के बहों में मुझसे ये बोले।
आ मेरे बच्चे में तुझको उठाऊँ,
तुझे तपती गरमी से आ में बचाऊँ।

जो गिरती थी मैं..मुझे वो उठते,
सदा भटकी राहों से मुझको बचाते।
कभी मन जो घबराया उन्होंने सम्भला,
बाबुल तो मेरा है जहां से निराला।

जब यौवन था आया सभी मुझको बोलें,
तू लगती है बिल्कुल पापा के जैसी।
सच तो है बाबुल मैं हूँ तेरी लाड़ो,
तो क्यों ना लगूँगी मैं तेरे जैसी।

मेरी विदाई की मुश्किल घड़ी थी,
बाबुल ने मेरे जो हिम्मत रखी थी।
मुझे बोले बेटा मैं तो हूँ तेरे साथ,
तू ना घबराना जो मुश्किल हो हर बात।

विचारो की पूँजी संग मैं ले आई,
संस्कारी विरासत मुझमें तेरी समाई।
हर भावना मेरी तुझसे जुड़ी है,
मैं बिटिया तेरी..न हूँ मैं पराई।

बस गई मेरे ज़हन में हर एक,
नसीहत बाबुल जो तूने दी थी।
मेरे जहन में तेरी छवि तो,
ईश्वर से कुछ कुम न होगी।

माँ है अगर ममता की मूरत,
तो बबुल बने उसका रखवाला।
सारी दुनिया में कोई न होगा,
बाबुल सा प्यार लुटाने वाला।

यादों और बातो की लंबी कहानी,
भूले जिसे न कभी ये दीवानी।
बाबुल ने मेरे दी जो निशानी,
मेरे दिल में बसती है उसकी कहानी।

5. ओ मेरे बाबुल मैं तेरी गुड़िया

ओ मेरे बाबुल मैं तेरी गुड़िया,
मुझे आना है तेरे आँगन में फिर से।
तेरे पहरे में पलना फिर चाहती हूँ,
तेरे रक्षण में मुझको खिलना है फिर से।

तेरे काँधे पे चढ कर जाना है मेले,
जहाँ झूले भी होंगे और होगी जलेबी की रेड़ी।
मिट्टी के बर्तन भी मुझको हैं लेने,
मुझको भाए बहुत वहाँ की चाट पकौड़ी।

मेरे बाबुल तू हाथ मेरा थामें रहना,
न भटकूँ कही मैं सम्भाले तू रहना।
मेरा मन चंचल होता है आज भी वैसे,
मेरी ज़िद को तू मेरा लाड़ समझना।

बाबुल! तू ले चल आम के बाग़ों में,
तेरे काँधे पे चढ कर आम मैं तोड़ूँगी।
मोर भी आएँगे नाच दिखाने,
कोयल की कूँ कूँ भी कानों में गूंजेगी।

चल बैठ आ खेलें हम घर-घर यही पे,
है पेड़ की छाँह और ठंडी हवा भी चले।
तूँ कहानी सुनाना मैं बैठी रहूँगी,
दो चार झपकी भी लूँगी जो तू थपकी भरे।
न होने दे शाम, न घर मुझको जाना है,
मेरा सपना न टूटे, जो नींद मेरी खुल गई।
सच में तो ये सब अब संभव न होगा,
कल्पना के नगर मैं जी लू बचपन वही।

न सयानी तू बोल, न बेगानी तू बोल,
मैं तो हूँ तेरी नन्ही सहेली वही।
जैसे तू मनोभाव समेट के रखता है,
मुझसे न सुलझे ये गुत्थी घनी।

मैं आज भी वैसे ही रो देती हूँ बाबुल,
जैसे मैं बचपन में थी रोती कभी।
तेरे मनाने में ग़ज़ब जादू था,
वो परवाह किसी में न अब दिख रही।

चल कर ले ये वादा तू जब हम मिलेंगे,
दिल के अरमान मेरे तब हम पूरा करेंगे।
बहुत से खेल लड़ाने हैं मैंने,
सारे नहीं तो दो चार सपने हम फिर से जिएंगे।

ओ मेरे बाबुल मैं तेरी गुड़िया,
मुझे आना है तेरे आँगन में फिर से।

6. पिता (16/06/19)

आपको समझने में मुझे चालिस वर्ष लगने को हैं,
आपके व्यक्तित्व से ऊपर न कोई मुझको जंचे।

अनेको रंग दिख गये दुनिया के,
पर आप आज भी उन रंगो से न प्रभावित हुए।

कहाँ से इतना धैर्य था बटोरा?
जो आज तक ये पूँजी मुझे बड़ती लगे।

कहाँ से संयम था पनपा आप में?
कि कोई इच्छा नहीं.. आँखों में बस शीतल सरोवर टिके।

इस उम्र में समझ आया प्रेम का मतलब,
"प्रेमी" चाहत से "प्रेम" को ख़ुशी के घर सौंप दे।

अपनी न परवाह, न तड़प त्याग की बस,
उसका "प्रेम" सम्पूर्ण सुख की खुली साँसें भरे।

"प्रेमी" हो आप और मैं हूँ "प्रिय" आपकी,
पावन इस रिश्ते को सब "पितृभाव" कहें।

पिता की है पदवी बड़ी शक्तिशाली,
समर्पण ही संकल्प वे लेकर चलें।

दान तो देते हैं सभी अपनी हद में,
इस जग में जो बेटी को सौंपे वही "बाबुल" बने।

ऐसा बड़कपन कहाँ से किया हासिल?
कि कभी कोई ज़िद्द न "डैडी" मुझ से करें।

मुझको तो आज भी बचपन है भाता,
आज भी बालक सा मन ज़िद्दी बने।

जिस रंग में ईश्वर ने मुझको है ढाला,
उसकी परत पे नया न कुछ मुझपे चढ़े।

हर दिन.. हर क्षण है समर्पित आपको,
"डैडी" आप और "माँ" मेरे मन मंदिर सजे।

मैं जब भी बैठूँ थक हार किनारे,
धड़कने आपके नाम की ही माला जपे।

डैडी..!
आपको समझने में मुझे चालिस वर्ष लगने को हैं,
आपके व्यक्तित्व से ऊपर न कोई मुझको जंचे।

7. बाबुल तेरी याद..

सात समंदर मेरे अंदर
सात सुरों को मैं पी गई,
बाबुल तेरी याद तो मुझमें
कमली बन के थिरक रही।

मेरे नैना प्यासे रह गए
मिल के भी तुझसे मैं न मिली,
आई तेरे दर पे बाबुल,
पैर रखे और मैं मुड़ गई।

है ये नाइंसाफी जग की
रहम न खाई एक ने भी,
दे दी दलीलें दुनिया की
मेरे दिल की सुनवाई न हुई।

मेरी रूखी रूह को न सुनना
तड़प उठेगी मेरी हँसी,
मैं बस कठपुतली बन घूमूँ
तेरे घरौंदे रख आई उम्मीद।

रब तकता और जग हँसता है
मैं भी परखूँ फिर सब की करी,
पर तू न शर्मिंदा होना
कल थी जो मैं हूँ आज वही।

तेरी गुड़िया, तेरी जापू..
तुमने दिये मुझे नाम कई,
बाबुल तुमको क़िस्मत से पाया
मुझसा न है धनवान कोई।

ऊपर वाले छोड़ा है तुझ पे
ले ले तू इम्तिहान कई,
लेकिन मेरे बाबुल को तू
सेहत बरतना अच्छी भली।

दुआ हमेशा करती रहती हूँ
बाबुल का अँगना बसे ढेरों ख़ुशी,
सात समंदर पार करूँगी
आऊँगी बाबुल तेरी गली।

मिलूँगी तुम संग
क्षण क्षण बाँटूँगी,
बचपन की बाबुल सभी स्मृतियाँ
तुम संग फिर से संजोऊँगी।

सात समंदर मेरे अंदर
सात सुरों को मैं पी गई,
बाबुल तेरी याद तो मुझमें
कमली बन के थिरक रही।

8. आपकी दुआएँ साथ हैं।

हर सुबह वहाँ करो आप दुआ
दूर यहाँ हो मुझपर कृपा,
आँख खुली या बंद जो हो
छवि दर्श से मन तृप्त हुआ।

ईश्वर के उपकार बहुत हैं
सौभाग्य मैं मानूँ मेरे पिता,
ज्ञान में मेरे बसे आप हो
हर सीख लगे आशीर्वाद आपका।

आप मेरी हर जीत में बसते
आप मेरे हर करम की ढाल,
आप मेरी हर हार को समझो
आपकी थपकी पहुँचाए धैर्य आपार।

जग देखू मैं आपके नैनों से
छूँ नहीं सकता छल-कपट, अभिमान,
आप उजागर सोच में हो
संतोष धन भरें सभी आपके बखान।

हर दिन मेरा आपका है
ये जीवन मेरा आपका है,
हर रिश्ता मेरा ख़ास है
पर हक़ मुझपे पहले आपका है।

लाडो रानी आप कहो
मेरी "Pooja doll" आप कहो,
पहुँचू मैं सातवें आसमान पर
डैडी जब भी लाड़ करो।

प्रेम स्पर्श स्याही में भर कर
शब्दों की माला रच डालू,
हर उपलक्ष्य उपहार रूप में
भावो के सुंदर रत्न मैं ला दूँ।

प्रत्येक लेखन और कविता का मेरी
आधार आपका विश्वास बना,
हर सुबह वहाँ करो आप दुआ
दूर यहाँ हो मुझपर कृपा।

9. मेरे पिता।

हर साल हर सोच, हर ख़ुशी, हर चोट मुझमें आपकी यादें
भरती है,
आपका हुनर, स्नेह एवं इमानदारी मुझमें मज़बूती क़ायम
रखती है।

ये कहना आसान नहीं कि मैं वर्षों तक रह सकती हूँ,
बिन देखे न स्पर्श लिये कैसे मैं हँस लेती हूँ?

आप से सीख रही हूँ मैं, ध्यान में बसते हो आप मेरे,
संघर्ष की सीमा लाँघ के भी उफ़ तक नहीं करते पिता मेरे।

एक एक मोती जोड़ के आप हम सबके सपने पिरोते हो,
अपनी तकलीफ़ को पीछे रख हम सबको राहत देते हो।

जब भी आप को देखती हूँ मन भावुक हो कर कहता है,
पूर्व जन्म के नेक करम का फल ईश्वर ने मुझको सौंपा है!

ईश्वर ने इस जीवन में हमको आपके रूप में दर्श दिया,
जीवन की हर कठिनाई में आपने भी ये है सिद्ध किया।

आपके हाथ हैं बहुत विशाल.. दूर से भी आशीषें भेजें,
ऊर्जावान उपदेश आपके मुझमें सुबुद्धि हैं भरते।

बैठ निहारूँ तस्वीरों को और पहनाऊँ कल्पनाओं का हार,
काश नसीब फिर हो जाए फ़ुरसत वाला वो इतवार।

सुख से जब भी मिलेंगे हम दावत ही दावत होगी,
मेरी तो यह इच्छा है कि रातोंदिन गपशप होगी।

हर साल हर सोच, हर ख़ुशी, हर चोट मुझमें आपकी यादें
भरती है,
आपका हुनर, स्नेह एवं इमानदारी मुझमें मज़बूती क़ायम
रखती है।

10. पिता की छवि

पिता की छवि में एक बेटी कितने ही रूपों को तकती है,
दोस्त, रक्षक, विश्वास की मूरत पिता को नाम वह देती है।

पिता की आंखों से बेटी दुनिया के रंग परखती है,
पिता के बोल से सहमत हो हर पग वह आगे रखती है।

पिता की बाज़ूएँ मज़बूत सी ढाल, महफ़ूज़ वह स्वयं को
पाती है,
पिता के रहते हर बेटी.. न हौसला अपना खोती है।

पिता जो सिर पे हाथ फेर दें तकलीफ़ वहीं सब मिट
जाती है।
पिता का सीना सख़्त चट्टान है जो हर बला को सह लेती है।

पग पग पे वह साथ खड़े हैं दूर हो चाहे पास कभी,
शब्दों में न व्याख्या हो, हैं अंतर मन के गहरे भाव सभी।

पिता के भाव हैं सबसे हटकर और कोई न उन जैसा
बन पाया,
न ले सकता उनका पद कोई, कोई स्नेह न उन जैसा
दे पाया।

हर बेटी का नायक है वो, है आधार प्रेरणा बेटों का,
धर्म कर्म का उदाहरण उत्तम, पिता तो रूप है ईश्वर का।

पिता की छवी में एक बेटी कितने ही रूपों को तकती है,
दोस्त, रक्षक, विश्वास की मूरत पिता को नाम वह देती है।

11. पिता की सीख।

मैंने अपने पिता से सीखा है संयम में रहना,
लालसा से दूरी रख थोड़े में ही संतुष्टि पा जाना।

यह बीज उन्होंने मुझमें जन्म से था विकसित कर दिया,
मैंने स्वयं को उनके व्यक्तित्व की धरोहर कर दिया।
मुझे गर्व है उनसे पाई हर सीख पर,
वह मेरे आदर्श बने और उन्हें गुरू मानकर मैंने हर कार्य
है किया।

जब मन में बसा रहे संतोष धन तब सब धन धूल लगे,
पिता की बात यह गाँठ बाँधकर पग मेरे ससुराल चले।
नव जीवन में सीख नई और आधार नवीन बने,
प्राप्त अनुभवों के आधार पर प्रश्न भी मन में उठे।

फिर पूछा पिता से मैंने एक दिन जो हो ख़ास वह पास
क्यों नहीं?
बोल पिता के हृदय छू गए, कि ज़हन बसे वह ख़ास हो चाहे
पास नहीं।
बोला पिता को मैंने कि आप ही हो वो ख़ास पर मेरे
पास नहीं,

दोहराई पिता ने बात कि मैं ज़हन बसूँ बन ख़ास, हूँ चाहे साथ नहीं।

मैंने अपने पिता से सीखा है संयम में रहना,
लालसा से दूरी रख थोड़े में ही संतुष्टि पा जाना।

12. प्यारे पापा।

पापा आप हमारी मज़बूत छत हो
आपके अस्तित्व से जीवन हमारा आबाद है,
आपकी बाँहें पक्की दीवारें हैं
आपकी समक्षता हमारी सुरक्षा ढाल है।

आप और माँ से ही है घर बाक़ी दुनिया है दूर
आपका आशीर्वाद रूपी हाथ सुरक्षा कवच सा हमको ढकता है,
सौभाग्यशाली है वह परिवार
जहाँ असल से बड़कर सूत को प्रेम मिलता है।

जहाँ माता-पिता बनते हैं दादा दादी

और पोतियों को पोतों से बड़कर दुलार मिल रहा है,

आप और माँ के संजोए स्वप्न हो रहे साकार देखो

जीवन की इस सुंदर बगिया को आप का रक्षण प्यारा है।

पापा आपके बच्चें आपको,

शुभकामनाओं संग देते सुंदर उपहार हैं,

उपहार है हमारी मुस्कुराहटें

जो मिलीं हैं आपसे और आपसे ही हमारा सुखी संसार है।

पापा आप हमारी मज़बूत छत हो

आपके अस्तित्व से जीवन हमारा आबाद है..."

13. मैं कहती नहीं बाबुल।

मैं कहती नहीं बाबुल पर याद तेरी बड़ी आती है,
दुनिया की रस्मों मेरी आवाज कहीं दब जाती है।
माँ सहती रहे बाबुल मुस्कान ये उसकी जताती है,
मुझसे दूर वो रहती है, आँखों से हाल सुनती है।
मैं कहती नहीं बाबुल.....”

क्यों बाबुल नामुमकिन है अपना साथ में रहना?
क्यों बाबुल लगता मुश्किल है तुझसे दूर यू रहना?
क्यों बनी पराया धन? क्यों बेटी बन मैं जन्मी थी?
बेटा होती तो बाबुल तेरी सेवा मैंने करनी थी।
मैं कहती नहीं बाबुल.....”

क्यों माँ को सहनी होती है वर्षों भर की दूरी?
क्यों बाबुल तुमको भी पूरी रीत निभानी होगी?
इतना भी निडर न बन बाबुल कोई दमका दुनिया न देती,
किसको फ़र्क़ पड़ेगा और क्या फ़िक्र किसी को कुछ होगी।
मैं कहती नहीं बाबुल.....”

माँ की बातें याद करूँ और भीतर मन में ध्यान धरु,

तुझसे तो कह सकती हूँ पर माँ से कैसे बात करूँ?

उसे गले लगाना है, मुझे लड़ाना है,

उसे गले लगा कर के जी हलका करना है।

जो माँ के हाथ मैं चूम सकूँ वह मिलन की बेला कब होगी?

प्रश्नों के उत्तर में उल्झे दशा हृदय की क्या होगी?

मैं कहती नहीं बाबुल.....”

माँ की ममता कैसी है, चट्टान सी बन वो जीती है,

माँ हूँ तभी तो जानती हूँ, माँ की तड़प क्या होती है।

मैं कुछ नहीं कहती लेकिन माँ सब जानती है,

मैं भी अनजान सी बनती हूँ, वो भी भोली बन जाती है।

मैं कहती नहीं बाबुल.....”

गैं कहती नहीं बाबुल पर याद तेरी बड़ी आती है,

दुनिया की रस्मों मैंने मेरी आवाज कहीं दब जाती है।

14. गर्व है मुझे कि है मुझमें पिता की ही छवि

गर्व है मुझे कि है मुझमें पिता की ही छवि,
आकृति एक सी है, हों आचरन भी वैसा ही।
प्रयत्न करूँ अनगिनत और पाऊँ मैं जीत भी,
जारी रहेगा प्रयास कि हों आचरन उनके जैसा ही।

पिता के संग जुड़ी हैं ज़िम्मेदारियाँ कई,
हो संतान पे निछावर पिता की हर खुशी।
कठिन बहुत है कार्य यह पर सीखूँगी अवश्य ही,
जारी रहेगा प्रयास कि हों आचरन उनके जैसा ही।

पिता का अर्थ है आदरणीय गुरु, है वह जनक कुटुंभ का,
त्याग की अग्नि में जी कर वह आदर्श बने प्रेम का।
प्रेरणा आधार हैं मेरे, हैं साथी भी वही,
जारी रहेगा प्रयास कि हों आचरन उनके जैसा ही।

जीवन है कड़ी धूप और हस्ती पिता की छाँव है,
हारें जहाँ पग मेरे, उनका स्नेह भरे मेरे घाव हैं।
गुण हैं मेरे पिता में अंगिनत, कहूँ गर्व से सुन लो सभी।
जारी रहेगा प्रयास कि हों आचरन उनके जैसा ही।

रंग लाएगी लगन आपकी, व्यार्थ नहीं कभी जाएगी,
होगा मान पिताजी आपको, मैं नाम आपका बढ़ाऊँगी।
हे ईश्वर! मुझमें मेरे पिता का विश्वास जीवित रहे
सदैव यूँ ही।
जारी रहेगा प्रयास कि हों आचरन उनके जैसा ही।

गर्व है मुझे कि है मुझमें पिता की ही छवि,
आकृति एक सी है, हों आचरन भी वैसा ही।
प्रयत्न करूँ अनगिनत और पाऊँ मैं जीत भी,
जारी रहेगा प्रयास कि हों आचरन उनके जैसा ही।

15. कल्पनाओं के शहर में और मेरे पापा।

(Thoughts)

न देखा ख़ुदा पर महसूस होता है

कहीं तो किसी रूप में मिले उसकी छवि,

जब देखूँ तुझे तो यक़ीन बोल दे

ख़ुदा का नूर चेहरे पे आ दिखता है वहीं।

जो न मैं छूँ पाऊँ तुझे तो भी कया?

महसूस मन कर रहा है...तू है बैठा यहीं,

मुझमें तू ही रचे, मुझमें तू ही लिखे

भावों का संचालक बन उपजे कविता तू ही।

उठते बवंडर को शांत कर दे सीरत तेरी सुहानी

ठंडे पानी के तासीर सी है थपकी तेरी,

बैठ बिस्तर पे मैं सर सिरहाने रखूँ

तू मेरा माथा दबाते न थकता कभी।

किस मिट्टी से रच बाबा तू दुनिया में है आया

सब्र सालों करता न थकता.. न शिकवा करे कोई,

माहिर है तू बाबा छुपाने में हर राज़

मन की मन में रखना ये कला है तेरी।

अक्सर ज़हन में मैं बातें तेरी करूँ

तू भरता वहाँ से अनदेखी शक्ति कोई,

सवालों के हल बिन ज़बान बोल दे

मन से मन के तार के न अंग दिखे कभी।

तुझमें ये नूर यूँ ही सजता रहे हमेशा

तेरे आदर में हाथ फिर जुड़े मेरे अभी,

पिता तू, सखा तू, सारथी तू मेरा

पास तू है मेरे रब के जैसे यहीं।

16. मैं राहों पे तेरी चलता हूँ।

मैं तुझसा कभी न बन सका
पर राहों पे तेरी ही चलता हूँ,
तेरी हस्ती के आगे मैं कुछ नहीं
पर नसीहतों से तेरी संवरता हूँ।

तेरा रूप परमात्मा से मिलता है
मैं अंतर्मन से ध्यान तेरा करता हूँ,
मुझमें हैं दोष अनेकों और क्रोध का हूँ मैं क़ैदी
तेरी धारणा कर मैं व्यक्तित्व सुधरता चलता हूँ।

दुनिया से परे बैठ कल्पनाओं के क़िले
ज़हन में रख तुझे मैं बात तुझसे करता हूँ,
तू शांत होकर मेरी व्यथा सुनता है
मैं उसी चुप्पी में प्रश्न का उत्तर खोज आता हूँ।

तेरी विद्यमानता परम सत्य है
इस सत्य को लिए जीता हूँ,
इस जीवनभर की दूरी को मैं
तेरे सत्य सहित स्वीकारता हूँ।

मैं तुझसा कभी न बन सका
पर राहों पे तेरी ही चलता हूँ,
तेरी हस्ती के आगे मैं कुछ नहीं
पर नसीहतों से तेरी संवरता हूँ।

17. चेहरा तेरा।

तेरे चेहरे से है ये शिकायत मुझको,
मेरी आंखों में ये दिन-रात बसर करता है।

कोई देख न ले मेरी आँखों की नामी,
झुकी पालकों को डर इसी बात का खाए रहता है।

तू चला अपनी डगर आँखों में मेरी याद भरके,
तेरे भोलेपन का पल-पल ख्याल आता है।

जानकर अनजान बने रहना तूने भी सीख लिया,
पर इसमें न चालाकियाँ न तेरी नादानियाँ हैं।

तू ज़माने से हट के है मेरे बाबुल मैं मानूँ,
मोहब्बत भी करता है और दूरी बर्दाश्त भी तू करता है।

मुझे सुनकर ही तसल्ली कर लेता है,
मेरी फ़िक्र के आगे ख्वाहिश अपनी पीछे रखता है।

बरखा में चेहरे को भिगा आँसू पी लेना,
ये तरीक़ा भी मैंने तुझसे ही सीखा है।

तेरे चेहरे से है ये शिकायत मुझको,
मेरी आंखों में ये दिन-रात बसर करता है।

18. सर्द हवा का रूखा स्पर्श।

सर्द हवा का रूखा स्पर्श ये अहसास दिलाता है,
दूर खड़ा तू अपने अंदर कैसी हलचल पाता है?

तू उखड़ा और तन जकड़ा, बस दुनिया की राहें चलता है,
चुपचाप खड़ा तू अपने अंदर कैसी हलचल पता है?

स्पर्श तेरा मुझ तक न पहुँचे पर स्वर तो मन सुन पता है,
सुनकर हो बेचैन कभी तो मजबूरी से तंग आ जाता है।

सर्द हवा या लू की आँधी, दोनों से जुड़ा एक नाता है,
चुपचाप खड़ा तू अपने अंदर कैसी हलचल पता है?

तेरा कहना, मेरा सुन्ना, दोनो में अंतर बस इतना है,
दिल अपने हैं अलग-अलग और धड़कन में गम जिंदा है।

मन अंदर से चुप पर तन बोले, आंखों में सब कुछ
दिखता है,
चुपचाप खड़ा तू अपने अंदर कैसी हलचल पता है?

हवा भी उखड़ी सी रहती है, पतझड़ चारों ओर दिखे,
त्याग रहे वह अपना सब कुछ, नव जीवन की आस लिए।

नहीं माने मन हठी हुआ है, तेरे स्नेह की ज़िद्द जो धरा है,
चुपचाप खड़ा तू अपने अंदर कैसी हलचल पता है?

मेरे विचलित मन की खुश्की को तू वहाँ शिशिर में भाँपता है,
हम दोनों की एक सी परिस्थिति को ईश्वर भी पहचानता है।

सर्द हवा का रूखा स्पर्श ये अहसास दिलाता है,
दूर खड़ा तू अपने अंदर कैसी लचल पाता है?

तृतीय खंड - माता पिता

"Parents are living Gods. They do everything to make their children happy and expect nothing in return." - Saravana Kumar Murugan

1. मेरे माता पिता एक भाषा हैं।

पूरा बचपन इस भाषा को समझने में मैं असमर्थ रही,
मैं ज्यों ज्यों बड़ी हुई.. उन्हें पढ़ना चाहते हुए भी व्यस्तता से
घिरी रही।

व्यस्तता व्यर्थ की बातों की थी,
समय गँवाती गई और अपनी भाषा के निकट होकर भी मैं
अज्ञानता को जकड़े रही।

आज जब दूर हूँ अपनी भाषा से तो हर एक भाव के अर्थ
समझ आ रहे हैं,
ज्ञान के पट खुलने से अज्ञानी चित में भाषा भक्ति के राग
प्रतिदिन उठ रहे हैं।

प्रचंड ज्योति की भाँति मेरी भाषा सदैव जीवित है मुझमें,
मेरी कविताओं में, गीतों में,
श्वास भरती है मेरी भाषा मेरे हर एक लेखन में।

मैं मेरी भाषा के प्रेम रस में डूबी हूँ,
अजर, अमर, असीम एवं आराध्य रूपी मेरी भाषा को मैं
भीतर एकांत में पढ़ती हूँ।

2. घने वृक्ष के जैसे मेरे माता पिता।

घने वृक्ष के जैसे होते हैं माता पिता,
छत्र छाया में इनकी हम पाएँ राहत का धन अनमोल।

फल से लदे हैं भाव एवं हैं पत्तों सा झड़ता क्रोध,
परवाह रहती है एक एक की.. है प्रेम में इतना ज़ोर।

जड़े हैं फैलीं नस नस के जैसे, रक्त भर रहीं हम में जैसे,
परवरिश में न कसर वे छोड़ें..बदले में न मोह न लोभ।

धन्य है जीवन तुमको पाकर और मन में है बहता प्रेम
का सागर,
माँ बाप मेरे है ईश्वर स्वरूप.. पूरी करदे इच्छा जो हो।

साथ हमेशा बना रहे, दूरी में भी स्पर्श सदैव मिलता रहे,
अरदास मैं माँगू हो सुख हर ओर।

घने वृक्ष के जैसे लहराएँ सभी के माता पिता,
उत्तम स्वास्थ्य हो प्रतिदिन और हो ख़ुशियों भरी हर भोर।

3. पंच तत्वों में आप का वास।

जल तप वायु धरा आकाश

पंच तत्वों में आप का वास,

पंचरत्न का जीव हूँ मैं

सौभाग्य से हूँ मैं आपका ख़ास।

आप से मेरी जीवन रचना

पाएँ ऊर्जा आप ही से मेरा हर सपना,

सृष्टि के हर अंग रंग हो आप

दुआ मेरी, हो आप अरदास।

रक्षक चिंतक गुरू हो आप

आपकी शक्ति अनंत अपार,

उच्च गुरू का शिष्य हूँ मैं

भाग्य मेरा आप रहो मेरे पास।

आप से जीवन की बुनियाद

आप से ही है भविष्य ख़ुशहाल,

आपके स्पर्श में ईश्वर की थपकी

धनवान बनु पाकर प्रसाद।

आप मात-पिता और बालक हूँ मैं
है अपने सम्बंध में मीठा विश्वास,
जो कभी कड़क हुए आप कहीं
ग़लती मान करू माफ़ी की आस।

जल तप वायु धरा आकाश
पंच तत्वों मे आप का वास,
पंचरत्न का जीव हूँ मैं
सौभाग्य से हूँ मैं आपका ख़ास।

4. मैं! मेरी भाग्यवान और
मेरा लोहे का घोड़ा...!"

एक दौर था..
जब घर में बच्चों के शोर का रौनक़ मेला था,
आँगन में तुलसी का पौधा था
और भाग्यवान का चूल्हा दूसरे कोने सजा होता था।

मैं मेरे लोहे के घोड़े पे बेटे को बिठाकर
विद्यालय और कभी दूसरे गाँव घूमाता रहता था,
यह तब की बात है
जब घर हरा भरा था।
आज बस हम तीन रह गए हैं
मैं! मेरी भाग्यवान और मेरा लोहे का घोड़ा..!"

आस पास कच्चे मकानों में तब
हर संघी साथी मन में प्रेम भाव लिए बस्ता था,
पड़ोसियों का आपस में मिलना
भाईचारे से कम न लगता था।

मेहमान एक के घर आ पहुँचे
तो पड़ोसन की रसोई से,
सब्ज़ी चीनी दूध लस्सी आदि सब
प्रेम रूप में पीतल की गहरी कटोरी में सज कर आता था।
यह तब की बात है
जब विश्वास दिलों में जीवित था,
आज बस हम तीन ही विश्वास के पात्र हैं
मैं! मेरी भाग्यवान और मेरा लोहे का घोड़ा..!"

मैं बच्चों के सुनहरे स्वप्न
पूरे करने की लालसा में था,
ग्रामीण पिता हूँ मैं
किंतु पुत्र को शहर में बड़े दफ़्तर का बाबू बना देखने को
उत्सुक था।

बेटी बड़े घर ब्याही गई और सब स्वप्न पूरे हुए
बेटा बड़े दफ़्तर का अफ़सर भी बन गया था,
किंतु समय ने जो रफ़्तार पकड़ी
मेरा सब कुछ पीछे छूट गया था।
अब वह पहले सी रौनक़ न रही,
रहते है हम बस दो और यादों का उड़न खटोला
मैं! मेरी भाग्यवान और मेरा लोहे का घोड़ा..!"

5. माता पिता कुम्हार की तरह हैं।

वह अपने संघर्ष का सारा ज़ोर निकाल
अपने हाथों में भर देते हैं,
करुणा स्पर्श से वे माटी रूपी शिशु को
अपने भावों का रंगरूप देते हैं।

माता पिता का प्रयास बालक के जीवन में
हर्षोल्लास भरने का होता है,
वे बालक को जीवन रूपी सुंदर आकार सौंप
संतोष पाना चाहते हैं।

जब बच्चें अपने जीवन की उपलब्धियों की गागर में
अपने माता पिता के स्वप्न भर आदर सम्मान प्राप्त
करते हैं,
तब वे "कुम्हार" माता पिता गौरवान्वित हो
अपने संघर्ष के प्रति आभार व्यक्त करते हैं।

कृतज्ञता की ठंडी तासीर ही जीवन में ठहराव
और उसके उपरांत प्रयास को जन्म देती है,
हस्त, नीर एवं मिट्टी के मेल द्वारा
सुंदर रचना की उत्पत्ति होती है।

माता पिता के हाथों में
कोमल भाव हैं जो हर घाव भरते हैं,
और माटी रूपी बालक के हृदय को ठंडक
नीर से भीगे हाथों से प्राप्त होती है।

सच में माता पिता कुम्हार की तरह हैं.."

6. आपके क़दम हैं इबादत का दर।

ये महज़ क़दम नहीं,

इबादत का वो दर है जिस तक पहुँचने के लिए इम्तहानों की गिनती गड़बड़ा जाती है।

जो न नज़र आए उसे रास्ता समझ लेती हूँ,

जो बंद आँखों को दिख जाए वो ख़ुदा-ए-मेहरबानी बन जाती है।

एक तरफ़ पापा और दूसरी ओर मम्मी हैं खड़ी,

दोनों के बीच मेरी ख़ुशनसीबी मुस्कुराती दिखती है।

ताउम्र चलते इनके पैरों ने,
न तकलीफ़ें सुनाई और न ही फ़िक्र के ज़िक्र में उम्रें काटीं हैं।

मैं यहाँ दूर बैठी ख़ुद के जज़्बातों की कहूँ,
क्या मालूम इनके थके पैरों पे मलहम किसी ने लगायी है?
जी तो चाहा कि उड़ के सीधा इनके पेरों पे आ गिरूँ,
पर मुझ बेशर्म ने हिम्मत भी कहाँ कभी जुटाई है?

अब ये आलम है कि अफ़सोस करने को महज़ तिनका ही
हूँ मैं,
क्योंकि न आदतें बदली मैंने और बस हिचकिचाहट ही
करनी आती है।
सुकून मिलता है देख कर तुम्हारी तस्वीर को मेरी जान
और जिगर,
तुम्हारे जूतों के दीदार में भी पूरी झलक मुझे मिल जाती है।

बस चलता तो कभी घिसने न देती मैं एड़ियाँ तुम दोनों की,
जैसे तुमने रखा मुझे नाज़ों से वैसी जाने कब मेरी बारी है?
दूर रह कर बस दिल में ही बसर करना आया है मुझे,
पास होकर लड़खड़ाती ज़ुबान और आँखों में नमी मैंने
पाली है।

ये महज़ क़दम नहीं,

आरज़ुओं में भड़कती मेरी तड़प की चिंगारियाँ हैं।

हवा जिन्हें दे देती हैं याद-ए-गुलिस्ताँ अक्सर,

मुद्दतें गुजरते इन्हें छूने की मिलती मुझे बारी है।

7. सुई धागे सा रिश्ता।

सुई धागे का रिश्ता है मेरे माता पिता का
पिरोते हैं दोनों मिलकर मेरे जीवन का हर सपना,
मुझे हर अच्छी सीख मिलकर दोनों देते हैं
मेरा पहला स्कूल है मेरा घर अँगना।

मेरी प्यारी माँ का दिल बहुत सुंदर है
माँ की आँखों में दिखती है मुझे मुस्कुराती हुई पूजा,
पिता की जान मुझमें बसती है
हर ख़ुशी से भरते हैं वह मेरी छोटी सी दुनिया।

माँ जब गले लगाती है मुझको
भूल जाऊँ मैं हर बुरा सपना,
पिता जी की लाड़ली परी हूँ मैं
बिन माँगे ही दे देते हैं तोहफ़ा सलोना।

मेरे जीवन की डोर मेरे माता पिता हैं
मैं हर क़दम बढ़ाती हूँ हाथ पकड़ कर उनका,
मेरी हर जीत उनकी महनत से उपजी है
और कोशिशों में बसी है उनकी ही पूजा।

भगवान मैंने मंदिर में देखे हैं

प्रभाव उनका लिए घर में हैं मम्मी पापा,

माँ और पिता ईश्वर का ही तो रूप है

हम बच्चों की करते हैं सदैव रक्षा।

मुझे परवाह नहीं दुनियादारी क्या होती है

मेरी दुनिया तो है मेरी माँ और बाबा,

संस्कारों के मोती पिरोते न थकते हैं

विश्वास गाँठ से सुसज्जित है मेरी पारिवारिक माला।

सुई धागे का रिश्ता है मेरे माता पिता का

पिरोते हैं दोनों मिलकर मेरे जीवन का हर सपना,

मुझे हर अच्छी सीख मिलकर दोनों देते है

मेरा पहला स्कूल है मेरा घर अँगना।

8. बड़ती उम्र वाला इश्क़

Couple Goals ♡

Alzheimer's couldn't weaken their love,

It became Strength as pure love!

ताउम्र साथ निभाने का वादा था मेरा

इरादा आज भी टस से मस न हो पाया है,

तू कल भी मेरी रानी थी और मैं राजा तेरा

तो क्या हुआ कि याद तुझे न कुछ अब आता है।

मैं तब भी तुझे बेइंतिहा चाहता था
दिल आज भी तुझमें खोकर दम भरता है,
भूली याददाश्त तूने इसमें तेरा तो कोई क़सूर नहीं
अल्ज़ाइमर कहाँ पूछ के जीवन में दाखिल होता है?

मक़सद मेरा है इन हाथों को थामे रहना
जिनसे तूने मेरा जीवन बख़ूबी सँवारा है,
माना तुझमें बसे एहसास अब क़ैद है तेरे अंदर
तेरी मासूमियत पे दीवाना तेरा पहरा देता है।

तू मेरी ज़िंदगी और सहारे की छड़ी है हमदम
तुझे नहीं याद पर मुझे तो हमारी मोहब्बत का ही सहारा है,
न छोड़ूँगा हाथ तू चाहे ज़िद कर ले
मैं तेरा था..तेरा हूँ और मरते दम तक न साथ छोड़ने का
मेरा वादा है।

साथ चले हैं तो मुक़ाम भी साथ ही पा लेंगे
काँपते हाथों का एक दूजे से राब्ता है,
मिसाल सच्चे प्यार की हम ही हैं मेरे सनम
दिल दीवाने को ख़ुद पे नाज़ हो आया है।

ताउम्र साथ निभाने का वादा था मेरा
इरादा आज भी टस से मस न हो पाया है।

9. बेटियाँ।

बेटियाँ पूँजी हैं माँ बाप की,
सुख एवं सम्मान का वरदान है बेटियाँ सभी।

भाग्य किसी मानस का उसी दिन खुल गया,
बेटी ने जिस क्षण उसके घर पग रख दिया।

बेटी हर साँचे में पनपती है,
वह माँ,बहु ,बहन और सहेली है।

वह अनाड़ी है जो ये न समझ पाया,
एक बेटी से ही उसने यह जीवन है पाया।

बेटीयों से ही संसार में रौनक़ है,
जिस घर बेटी जन्म ले वो घर रोशन है।

हँसी बेटी की सबकी पीढ़ा हर ले,
दर्द अपनों का समझ जिंदगी में सुख वह भर दे।

एक बेटी भले दुनिया के लिए आम ही हो,
अपने माता पिता के लिए परी से बढ़कर है।

हर रिश्ते में उसने संघर्ष ही पाया है,
फिर भी बुनियाद को सँभाले रखा है।

बेटी है बनी इस जग के लिए,
पर संसार न इसे कभी समझ पाया।

एक तरफ़ देवी रूप में इन्हैं हम पूजें,
और शोषण भी देवियों का है होता आया।

उजड़े जग में बेटियाँ हैं खिले फूलों जैसी,
पनपने क्यों न दें हम उसकी छाया?

क्यों हम बेटियों को अमानत समझें?
क्यों इनपे लाद दें हम हर सांसारिक ज़िम्मेदारियाँ?

कल तक लाड़ो जिसे पुकारें हम सब,
अगले ही क्षण तत्पर हो वे दें अंगिनत इम्तिहान।

दिल में दुआएँ बसे हर बेटी के,
बलाएँ लेते नहीं थकते गौरवान्वित माता पिता।

इनसानियत के फ़र्ज़ का क़र्ज़ है हमपे,
की बेटीयों की हर भावना को हम समझें।

बेटियाँ पूँजी हैं माँ बाप की,
सुख एवं सम्मान का वरदान है बेटियाँ सभी।

10. माँ की नसीहतें एवं पिता का लाड़।

माँ की नसीहतें एवं पिता का लाड़

बेटियों को नसीब से मिलें उनकी सौग़ात,

हर मोड़ पे माँ की नसीहतें काम आती हैं

पिता के लाड़ को बेटी अंत तक न भूल पाती है।

अपनी बोली में बेटी भाषा माँ की ही दोहराती है

पिता की शिक्षा वह अपने बच्चों में भरती है,

हाथो की रंगत, कला और गुणों में अक्सर

उनकी छवि को निहारे वो बेटी तो पल पल।

दुनिया की दौलतें है एक तरफ़

माता पिता का प्यार है हर तरफ़,

जहाँ सपनों के दरवाज़े जाम हो जाते हैं,

वहीं दुआओं से इनकी हम आगे बढ़तें जाते हैं।

कितने ही रिश्ते भूलने में हम माहिर हुए

माता पिता के दिलों से न कभी हम दूर हुए,

जहाँ दोस्ती के रंग उड़ते नज़र आयें हमको

वहाँ मां बाप के हाथों का स्पर्श याद आए हमको।

इन्हें किसी और की शोहरत से क्या लेना देना?

ख़ुद के दामन में इनकी भरा है चाँदी सोना

जो मैं निहारूँ रूहानी दो चेहरे ख़ाली आँखों से,

तेज इनका मेरी रागों में ऊर्जा भर दें।

ख़ुशनसीब है हर वे बेटी

दूर बसकर भी है जो माता पिता की चहेती,

ईश्वर से प्राप्त है हर बेटी को वरदान

ममता की जागती मूर्त एवं पिता रूप में भगवान।

माँ की नसीहतें एवं पिता का लाड़

बेटियों को नसीब से मिलें उनकी सौग़ात..."

चतुर्थ खंड - ज़िंदगी

संसार की अनजानी दौड़ में भागते पैर जब थकने लगे तो मन उखड़ने लगा। पीढ़ा में पड़ा मन अस्थिर होने लगा। न वह हार मानने को राज़ी था और न ही अपनी परिस्थिति को ठीक से समझ पा रहा था। कहना वह बहुत कुछ चाहता था किंतु अपना हाल बताने में असफल ही रहा। हर सुबह न जाने किस बात की जल्दी रहती और शाम होते ही तन भी उखड़ने लगता। ऐसे में चिड़चिड़ापन, नकारात्मकता और थकावट हर ओर से प्रहार करती और मैं हताश होकर एक कौने बैठ जाती थी।

फिर एक दिन जब मैं इस भागदौड़ से परेशान होकर कमज़ोर पड़ने लगी तब मेरी ज़िंदगी ने मुझे भीतर से पुकारा.. रूक जा पूजा! इस भागती दुनिया में तू कब तक मुझे भी रगड़ती रहेगी? मैं थक जाती हूँ और तेरा समय पाने को तरस जाती हूँ। क्या तेरी दिनचर्या में मेरा कोई महत्व नहीं है?

मैं कुछ पल चुप चाप बैठ गई। मेरा मन भारी हुआ और आँखों से भावनाएँ बहने लगीं। मैंने मेरी ज़िंदगी को पुचकारते हुए कहा, कि तू मेरी है और मेरे लिए सबसे ख़ास है। मैं जितना भी सीख पाई और कर पाई वह सब तेरी ही वजह से सम्भव हुआ है। समय साथ नहीं रहता, संगी साथी छूट जाते हैं, हर कोई अपनी परिस्थिति एवं दायरे में रहकर ही साथ निभाता है। एक तू ही है जो हर पल मेरे साथ है। मेरी अंतिम साँस तक तू ही साथ चलेगी। मैं भले ही भटक गई थी, किंतु अब मुझे अक़्ल आने लगी है। ज़िंदगी तेरा ख़्याल रखना और तुझे ख़ुश रखना तेरे प्रति मेरी ज़िम्मेदारी ही नहीं, बल्कि मेरी अनिवार्यता भी है।

ईश्वर से वरदान रूप में मिली अनमोल ज़िंदगी की महत्ता मेरे लिए सबसे पहले है। मैंने ज़िंदगी के साथ बैठकर कई भाव बाँटे हैं। उन भाव रूपी मालाओं को आप संग साझा कर रहीं हूँ।

Our life is a precious gift from God. It is full of learning and gaining experiences. I believe that every failure is a lesson and every achievement is a test. There is no end of anything in life. It's a journey to meet ourselves at every turning point to check how much we have improved or have become stronger to fight back with the struggles.

Life can be a meditation which can be both hard and easy at different times. A process and a practice of becoming stronger is the main goal.

We shouldn't blame life for any situation because whatever happens is a result of our actions. We shape our lives with our abilities and gaining experiences. When God has given us the best of his blessing then it is our responsibility to protect it from negativity.

Spare time for yourself. Sit somewhere close to nature sometimes and talk to yourself. Pamper yourself with beautiful words. Share your worries to yourself and give comfort to your soul. Open your arms wide and give a tight hug to your heart. Nothing is greater than peace in mind. A satisfied soul is a happy soul. So it is our duty to find peace and happiness. Because at the end it's only between us and life, not between people and an unwanted race.

"LOVE YOURSELF, LOVE YOUR LIFE!"

1. थक रही हूँ मैं ज़िंदगी अब तो।

थक रही हूँ मैं ज़िंदगी अब तो,
बाँहों में तू ले ले मुझको।
न जुनूँ चाहिए, न जीत हार चाहिए,
तेरी बाँहों का मुझको घर चाहिए।
जो हो सबसे अलग, दुनिया से हो जुदा,
ज़िंदगी! मुझे तेरा आसरा चाहिए।

दो क़दम मैं चली, ज़िंदगी मैं तो उड़ने लगी,
धीमे से मैं बढ़ रही थी पर दुनिया की रफ़्तार तो तेज़ थी।
ऊँचा उड़ने लगी, मैं तो गिरने लगी,
न सम्भालें सम्भलने लगी।
हाथ छूटे कई, मुझसे रूठे कई,
बस मैं तेरी और तू मेरी बनी।

थक रही हूँ मैं ज़िंदगी अब तो,
बाँहों में तू ले ले मुझको।

राहतें और चाहतें दुनिया में होंगी न पूरी कभी,
जो ख़ुशी तुझसे है वो किसी की नज़र में नही।
छानी हर एक नज़र, ढूँढी सबमें ख़ुशी,

कोई न कोई पाई कमी।
न थी मुझको समझ, थी बड़ी बेख़बर,
तू है संग तो है कैसी कमी?

थक रही हूँ मैं ज़िंदगी अब तो,
बाँहों में तू ले ले मुझको।

बह रही, उड़ रही, ज़िंदगी तू तो है सब में बसी,
कह रही, सुन रही, फिर भी क्यों बेसमझ मैं रही?
होश है अब मुझे, जोश कम हो भले,
जान दूँगी मैं तुझमें पूरी।
तेरा विश्वास हूँ और तेरे साथ हूँ,
टूटने न दूँगी मैं कोई उम्मीद।

थक रही हूँ मैं ज़िंदगी अब तो,
बाँहों में तू ले ले मुझको।

न जुनूँ चाहिए, न जीत हार चाहिए,
तेरी बाँहों का मुझको घर चाहिए।
हाँ सुकून चाहिए, आराम चाहिए,
बस तेरी गोद में पनाह चाहिए।
जो हो सबसे अलग, दुनिया से हो जुदा,
ज़िंदगी! मुझे तेरा आसरा चाहिए।

2. मुझमें जीवन अभी बाक़ी है।

मुझमें जीवन अभी बाक़ी है,
पीढ़ा को सहती काया कहती है।
सुन्न नहीं हुई है अब तक,
नस नस में हरकत उठती है।

हर हरकत में है संकेत धरा,
संग संकेत चेतावनी रहती है।
काया का रख ले ध्यान ज़रा,
हाँ! अब देखरेख बहुत ज़रूरी है।

रगड़ डाली है कोमलता हाथों की,
दुखती उँगलियों ने गुहार लगाई है।
क्यों हाथ अकड़ते और सुन्न पड़ जाते?
बिगड़ी सुंदरता ने आवाज़ लगाई है।

छिल डाली है रेशमी परतें,
थी छुई-मुई जो अब शुष्क हो आई हैं।
पहले त्वचा थी सुंदर और चिकनी,
अब खुरदरी, दरदरी और रूखी सी उभर आई है।

पकड़ हो रही कमज़ोर मेरी,
मेरी पकड़ की मुझसे लड़ाई है।
पहले काम थे चुटकियों में निपटते,
अब देख कामों को दुखती काया ने आफ़त मचाई है।

घिसते नाखून और बालों का झड़ना,
तह जड़ों की ढीली सी पड़ती जाती है।
कहने को है घर की खेती,
किंतु पालन पोषण भी एक ज़िम्मेदारी है।

तोबा करते जोड़ों के दर्द और,
कमर का दर्द करे रुसवाई है।
हल्ला बोले हड्डियाँ भीतर,
तूने भाग दौड़ ये कैसी मचाई है?

माँसपेशियों का अलग ही आलाप है,
लुप्त होती ऊर्जा के शोक गीत गातीं हैं।
मेरी लोच पे निर्भर रहते लापरवाह मानस,
इस कमज़ोरी के लक्षण की क्या कोई भरपाई है?

सूजे घुटने, सूजी टाँगे भारी भरकम लोहा है,
ढोते सुबह से शाम कोल्हुओं की शामत आती है।
जी करता है बैठ किनारे मैं आराम इन्हें दूँ
क्योंकि इनके ज़िम्मे जीवन की आपाधापी है।

रूठी एड़ियाँ आपस में बतियाती हैं,
तलवे दबी चीखें मानस के कानों तक न जाती हैं।
घिस डाला है स्वयं को आजीवन हमने,
पूरी दिनचर्या में अपनी शामत आती है।

कलपुर्ज़े अब ढीले ढाले हैं,
काया चौकस भले बाहर से दिखती है।
हारी हुई चेतना में वह अक्सर,
आशा उपचारात्मक भरती रहती है।

मुझसे मेरी एक एक पीढ़ा,
एकांत में हो बतियाती है,
मैं तेरे दबाव से जन्मी हूँ,
फैलाव से मेरे देह तेरी जकड़े जाती है।

मुझमें जीवन अभी बाक़ी है,
पीढ़ा को सहती काया कहती है।
सुन्न नहीं हुई है अब तक,
नस नस में हरकत उठती है।

3. मेरे फटे जूते।

फटे जूतों की कहानी में है संघर्ष जीवन के,
वो जानते है किस भरोसे पाँव मेरे थे उनसे लिपटे।

चल चल के फटते थे वो और सिलते थे हुनर मेरा,
आज भी ज़हन में यादगार तस्वीर की तरह मेरे फटे जूते
हैं बसे।

ऊपर वाले ने भरी क़ाबिलियत नस नस में मेरी,
पर दुनिया में मुझे मेरी मुक़द्दर के मालिक ख़ूब मिले।

किसी ने एहसास दिलाया औक़ात का मेरी,
किसी ने टोंट कसकर मेरे हौसले की जुराबों में छेद किए।

मैं टूटा ज़रूर था मगर भटका मैं नहीं,
क्या क्या नहीं झेला फटे जूतों ने मेरे।

मैं आज भी उन जूतों से प्रेम करता हूँ,
जिन्होंने साथ मेरा दिया और क़दम मेरे मज़बूत बने।

न लगाव रख पाया मैं महँगे जूतों से कभी,
कि उनमें बेचैन मेरे तलवों को न सुकून मिले।

ऐशो-आराम साथ अपने फ़िक्रें भी ले आता है,
खुली बारिश, लू थपेडे और संघर्ष सिर्फ़ फटे जूते ही सहें।

फटे जूतों की कहानी में है संघर्ष जीवन के,
वो जानते हैं किस भरोसे पाँव मेरे थे उनसे लिपटे।

4. ज़िंदगी है दाल…!

परिश्रम के फल वाली,जद्दोजेहद भरी दाल को,
भर कटोरी भिगोकर कूकर पे चढ़ा दिया।

गली कभी भरपूर तो कभी खड़ी रही,
इत्मिनान का फिर भी हमने तड़का लगा लिया।

शौक़ के चावल उबाले,
ख़वाईशों का हमने ज़र्दा बना लिया।

दाल को खाया हद के जनून से,
कोशिशों की रोटियों को ज़रिया बना लिया।

बस इसी सादगी को जीते रहे हम..
कभी रूठी ज़िंदगी तो पोंछ के आँसू उसे हँस के मना लिया।

ज़िंदगी है दाल!
इत्मिनान का हमने तड़का लगा लिया।

5. ज़िंदगी और स्वाद।

ज़िंदगी आँखों से दिल पे लिखी किताब है,
जीवन का सारांश अनुभव, कोशिश और त्याग है।
द्वेष, लालसा, जीत और हार इनसे हटके भी हैं स्वाद,
जीवन की व्याख्या समझाते भाव "विशुद्ध" हमें हर बार।

बदलती ऋतु का पहला स्पर्श है अनुभव,
नए रिश्तों से बदलते जीवन का अनुवाद है अनुभव।
अनुभव जो उदासी को मुस्कान दे पाए,
अनुभव जो भटके हुए को ज्ञान दे पाए।

ज़िंदगी अच्छे बुरे कई अनुभवों की है आवाज़,
द्वेष, लालसा, जीत और हार इनसे हटके भी हैं स्वाद।

बारिश की हर बूंद समंदर में जा मिलती है,
छोटी सी चिंगारी भी आग में बदल सकती है।
ये है कोशिश जिंदगी को जन्म देने की,
मिटाकर स्वयं को पुनर्जन्म पाने की।

कोशिश जुनून है जिसे जिंदगी भी करती है सलाम,
द्वेष, लालसा, जीत और हार इनसे हटके भी हैं स्वाद।

त्याग स्वरूप है साहस और धैर्य का,
पनपता है विश्वास कोख में माँ से शिशु का।
पक्षियों को निडर बनाता है उनका त्याग,
इंसान को परखता है उसका त्याग।

त्याग बंदिश नहीं आज़ाद ज़िंदगी का है एक साज़,
द्वेष, लालसा, जीत और हार इनसे हटके भी हैं स्वाद।

जिंदगी को जीया सब ने यहाँ अपने ही ढंग से,
सभी की आँखें रचे ख्वाब अपने ही मन से।
मेरी हर सोच में जिंदगी तू बसर करती है,
मैं अगर जीती हूँ तो तू भी मुझमें जीती है।

मेरे शब्दों में जीवित हैं जिंदगी के कई राज़..''

जीवन की व्याख्या समझाते भाव 'विशुद्ध' हमें हर बार,
द्वेष, लालसा, जीत और हार इनसे हटके भी हैं स्वाद।

6. जीवन की तस्वीर।

जीवन की तस्वीर तो देखो,
गहरी बातें करती है।
सबकी अपनी देखनी है,
हर नज़रिए में ये ढल जाती है।

मुख़्तलिफ़ सी मिसालें हैं,
अजूबे से इन्सान मिलें।
ग़ैरों पर यकीन ठहरा,
जब अपनों के रूखे वार सहे।

जीवन यूँ तो तू सुंदर है,
पर टिका नहीं एक लम्हा भी तू।
ढाल लिया तस्वीर में तुझको,
एहसासों की दौलत है तू।

पा जाऊँ सुकून के पल,
ठंडक सी दिल को मिलती है।
जीवन की तस्वीर तो देखो,
गहरी बातें करती है।

7. ज़िंदगी..."

ज़िंदगी को देखना है तो,
ख़ुद की गहराइयों में उतर जाइएगा।

जज़्बातों की दलदल में जो दिमाग़ धँसने लगे,
ज़िंदगी को फिर आप उतना ही उलझा पाइएगा।

आओ होके निहाल हम ज़िंदगी को जीते चलें,
गुज़रा वक़्त न लौटा हुआ देख पाइएगा।

ज़िंदगी महसूस करने जैसा एहसास है,
कतरे कतरे को छू सके तो समझ पाइएगा।

8. मेरे सपने।

जीवन का आधार हैं सपने
हौसले की पक्की ढाल हैं सपने,
स्वाभिमान में उछाल हैं सपने
कोशिश की आवाज़ हैं सपने।

मैं सपनों की रक्षक प्रहरी हूँ
स्वप्न मुझमें जीवित रहें.. पलें,
हैं जीवन में संघर्ष पड़ाव अनेकों
सपने मुझमें जोश ही जोश भरें।

स्वप्न मेरे पूरे हो न हो
मैं बीज पंख के बो दूँगी,
यह मुझमें बालक जैसे हैं,
मैं माँ बन स्नेह से भर दूँगी।

मेरे हैं..! मन में हैं विकसित
न तोल मोल में पड़ने दूँगी,
दमक रहे बन पहचान आभूषण
धनवान हूँ मैं यह सबसे यह कह दूँगी।

जीवन का आधार हैं सपने
हौसले की पक्की ढाल हैं सपने.."

9. जीवन एक यात्रा।

बस एक कब्र तक का सफ़र तय करना होगा,

बस एक चिता में समा जाने तक की यात्रा होगी।

राह में मिलेंगी मीठी नदियाँ गले लगाने को,

सख़्त पत्थरों की चुभन को सहती ज़िंदगी की गाड़ी

रवाँ होगी।

कोई शख़्स साथ चल रहा है मेरे,

किसी की रफ़्तार उड़ते परिंदे सी होगी।

कोई बीच राह किसी मोड़ है बिछुड़ चुका,

दौड़ भाग कदमों की एक राह पहुँच कर ही ख़त्म होगी।

न पत्थर चटक कर रेत बन जाएँगे,

न नदियाँ थक कर सूख जाएँगी।

भागती काया ही अंतिम चरण को आएगी,

आत्मा को तभी तो मुक्ति मिल पाएगी।

बस एक कब्र तक का सफ़र तय करना होगा,

बस एक चिता में समा जाने तक की यात्रा होगी...."

10. केवल मैं जानता हूँ।

केवल मैं जानता हूँ यह कितना कठिन है।
यात्रा है यह लम्बी और परीक्षाएँ न कम हैं।
उस पर साथ न कोई खड़ा आजू बाजू,
पर घसीटने को नीचे हर बाजू में दम है।

मैं बाहर के संघर्ष को निःसंदेह झेल सकता हूँ,
भीतर रचे चक्रव्यूह में जकड़ा मेरा मन है।
ज्ञानी नहीं अभिमन्यु सा मैं हूँ,
किंतु अज्ञान को सहना भी तो अधर्म है।

विश्वास नहीं जीत पाता हूँ अधिकतर,
निराशा की अग्नि में झुलसता मेरा अंग है।
मैं मेरे प्रयास की पूजा में हूँ डूबा,
कला की आराधना में ही मेरा आचरण है।

साधना ऐसी है जो ईश्वर से मिला दे मुझको,
है भरोसा जिन्हें, वह साथी मेरे संग हैं।
मैं धर्म की राह बढ़ता जा रहा हूँ,
पथ रिक्त स्थानों से हैं और कलम में गाड़े रंग हैं।

लक्ष्य जीवन का पहला रहा मेरा लिखना,

लक्ष लिखना ही जीवन का अंतिम चरण है।

मैं मगन हूँ भावों की शब्दावली में,

न तोड़ो यह भ्रम, इसमें जीवन को पाता मेरा कण कण है।

केवल मैं जानता हूँ यह कितना कठिन है।

यात्रा है यह लम्बी और परीक्षाएँ न कम हैं....."

11. ज़िंदगी यूँ गुज़र गई।

ज़िंदगी यूँ गुज़र गई,
और मैं सब्र में जमी हुई बर्फ़ की तरह थमी रही।

बर्फ़ थी तो मैं पिघलती गई,
मुझमें मौजूद विरासत भरी दौलतें मैं खोती रही।

हुनर की किलकारियाँ मुझमें गूँजती गई,
शोला थी शोला...! कब न जाने बर्फ़ में मैं बदल गई।

रिवाजों के बने दायरे में हस्ती ख़ुद की छुपाती रही,
आज इन सफ़ेद बालों को देख मैं पछता गई।

गुज़री ज़िंदगी में ज़ाया हुई कुर्बानियाँ मुझे कोसती रहीं,
इलज़ामों के घूँट हर बार मैं भी गटकती रही।

हाँ.! ज़िंदगी यूँ गुज़र गई,
मैं ख़्वाबों के शहर में मशहूर हो साँसे भरती रही।

12. मैंने जीना सीख लिया है।

मैंने जीना सीख लिया है,
अब मैं नफ़रतों के पुल नहीं चढ़ा करती।

ख़ुद पे एतबार करना सीख लिया है,
अब मैं ख़ामियों से नहीं डरा करती।

मैंने कमियों का राग अलापना छोड़ दिया है,
अब मैं हुनर को अपने यक़ीन से हूँ तराशा करती।

हाँ..! मैंने जीना सीख लिया है,
इस एहसास को जगाए रखती हूँ!
नहीं इसे मैं सोने देती....”

13. ज़माने को बहुत अब खोज लिया।

भयंकर मतभेद दौड़ते हैं ज़माने के हर दिमाग़ में,
बदलती हर नज़र से हमने मुँह मोड़ लिया।

गिनाई हर कमी को हमने जो सर आँखों पे रखा,
ज़माना तो जैसे हाथ धो के पीछे ही पड़ गया।

नाकामी के रोड़े डाले और मेहनत राख में कर दी तब्दील,
राह हमको न दिख पाए ऐसा अंधा था हमें कर दिया।

जो रोड़े बिखेरे बदले में हमारी नेकी के,
उन्हीं को रास्ता समझ हमने सुकून को है ढूँढ लिया।

बढ़ चढ़ के हमने भी हिस्सा लिया हर मुक़ाबले में,
ज़माने की दी ठोकरों से हौसला हमारा मज़बूत हुआ।

हमें तो बस ख़ुद को पाना था,
ज़माने को बहुत अब खोज लिया।

14. प्यारी ज़िंदगी।

ज़िंदगी तू हर बार मुझे सख़्ती से सिखा देती है,
मेरे अन्दर के तूफ़ानों को बैठ जाने की दवा देती है।
अक्सर सोचूँ कि किस से पूछूँ जवाब मन में उठते
सवालों का,
दुनिया से हार कर मेरी उम्मीद तुझपे ही आकर रुकती है।

जब भी ख़ुद को किसी कष्ट में मैं जकड़ा पाती हूँ,
गाँठ सुबुद्धि से एक एक तू खोल मुझे बचाती है।
हँसना रोना तो महज़ एक नियम है इस दुनिया का,
तू मेरे दायरे की हद मुझे समझा देती है।

जब भी मोड़ा मुझसे मुख मेरे किसी अपने ने,
मुझे संकेत देकर मेरी कमज़ोरियाँ तू सुनाती है।
जब भी रूखा लगा व्यवहार मुझे इस दुनिया का,
तू मुझे ख़ुद से प्रेम करना सिखाती है।

जब भी बड़ने लगती है मेरी माँग एवं शिकायत तुझसे ऐ
ज़िंदगी,
सैकड़ों की कमज़ोरियाँ एवं दुख तू गिना देती है।

तपती गरमी एवं सख़्त सर्दी में जीवों का दर्द दिखाती है,
उनके संघर्ष से रूबरू मुझे करा मेरी सोई आँखे जगा देती है।

जब भी निर्भरता से मिलना मेरा होता है,
उसकी जकड़न से तू ही मुझे बचाती है।
बस तेरे साथ मे मैं जीना चाहती हूँ..
तू मुझे हर मोह से दूर कर, शांति प्राप्त करना सिखाती है।

ज़िंदगी कई बार मैंने तेरे कोमल स्पर्श को महसूस है किया,
जैसे हर चोट पे तू चंदन लैप बन जाती है।
कड़वे बोल किसी के अब असर नहीं करते हैं,
ज़िंदगी की मधुर धुन कानों में जो गूँजे जाती है।

चोले पे चोले हर मोड़ बदल रहे हैं,
मिलकर धीरे धीरे सब लोग बिछुड़ रहे हैं।
जब माँ बाप भी हमेशा साथ नहीं होते हैं..
किसी और रिश्ते से न फिर उम्मीदों की डोर बंध पाती है।

जब भी देखा हाथों की लकीरों को गहरा होते,
तेरा संघर्ष मुझे साफ़ दिखता रहा है।
मेरा साया है तू ऐ मेरी ज़िंदगी..मेरी जाना,
एक तेरा रिश्ता ही इस जग में गहरा है।

जब लगा भाग रही हूँ मैं, तू भी तो थकती जाती है,

कुछ क्षण बैठ तेरे साथ मेरी आत्मा मुस्कुराती है।

ये कला ज़िंदगी तूने ही मुझको सौंपी है,

जब भी विचलित हुआ मन मेरा तो ये उँगलियाँ थिरके जाती हैं।

15. यूँ ही बदनाम ज़िंदगी।

जिंदगी मुश्किल से मिलती है,
साथ इसका निभाना है और भी मुश्किल।

जब मिलता है सब कुछ यहाँ
तब भली लगे ये जिंदगी,
जो हसील नहीं ख़ुशी हुई बदनाम जिंदगी,
सोचे बिना हम कोसते इसे "बिचारी जिंदगी"।

घट रही है जिंदगी, उमर जो है बढ़ रही,
नासमझ ज़माने की शिकायतें न सिमट रहीं।
जिंदगी तेरे भरोसे हर रहा पर हूँ मैं चली,
तेरे लिए ऐ जिंदगी सुकून की तलाश की।

जो हसील नहीं ख़ुशी हुई बदनाम जिंदगी,
सोचे बिना हम कोसते इसे "बेचारी जिंदगी"।

इतने क़रीब से तुझे जाना है मैंने मेरी जिंदगी,
कमज़ोरियों को ख़ूबसूरती में बदला है तूने जिंदगी।
हारी थी मैं जिस मोड़ पर वहाँ जीने की वजह तू बनी,
खोया यक़ीन कितनो का मैंने पर साथ हर दम रही
मेरी जिंदगी।

जो हसील नहीं ख़ुशी हुई बदनाम जिंदगी,
सोचे बिना हम कोसते इसे "बेचारी जिंदगी"।

शुक्रिया है बार बार की प्यार दिया बेशुमार,
बिछड़ रहे हैं अपने सभी, पर जिंदगी है डटी हुई।
हर रंग बदले से लगे, हर डोर ढीली पड़ रही,
ख़ामियों के रहते तू मेरे ख़ालीपन को जो है भर रही।

जो हसील नहीं ख़ुशी हुई बदनाम जिंदगी,
सोचे बिना हम कोसते इसे "बेचारी जिंदगी"।

सोचती हूँ कोसना तुझे मैं अब छोड़ दूँ
जिंदगी तेरे हवाले अस्तित्व अपना मैं सोप दूँ।
तू रहे तो मैं जीयूँ और तेरे संग विदा भी लूँ,
जीवन है जब तक यहाँ मैं जिंदगी को प्यार दूँ।

जब मिलता है सब कुछ यहाँ
तब भली लगे ये जिंदगी,
जो हसील नहीं ख़ुशी हुई बदनाम जिंदगी,
सोचे बिना हम कोसते इसे "बिचारी जिंदगी"।

16. रूखी-रूखी जिंदगी।

रूखी- रूखी जिंदगी में प्यार के पल दूर कहीं,
सूखे सूखे दिन रैना.. बरखा को ये तरसे भी।

आज जो भी है अधूरी, कल भी ना होगी ये पूरी,
आरज़ुएँ दिल की हैं वो..दिल में ही पलती जा रहीं।

नज़रो में प्यार नहीं, लफ्जो में बेकरारी नहीं,
जो शरारत हम चाहें कभी.. न देखी ना ही पाई कहीं।

चलते-चलते जिंदगी भर थक भी जाएँ हम कभी,
पर नहीं वो प्यार बाँटे.. ना ही थामें हाथ कभी।

नैन जागें सपनों से.. फिर राहे तकूँ क्यों मैं तेरी?
रूखी रूखी ज़िंदगी में प्यार के पल हैं दूर कहीं।

17. ज़िंदगी का दामन।

दामन में जिंदगी के
कितने ही रंग हैं भर चुके,
कुछ उभर चुके कुछ निखर चुके
कुछ फीके हुए और कुछ तीखे रहे।

रंगो की पिटारी से
दामन संवरता रहा,
बिखरता रहा सिकुड़ता रहा
सिमटा कभी तो लहराके खिला।

उत्तेजना एवं क्रोध
कड़वाहट रंगो में भारते हैं कभी,
अनुराग की लहरें उठें तो
स्वच्छता वे लाएँ तभी।

बाहरी रंग के दागों से
भीतर भाव दूषित हुए,
अंतर मन की चेतना से
विशुद्ध ज्ञान भी मिलें।

जीवन नाम है संतुलन
कला ये सीखते रहें
उदासियों के बाँध तोड़
प्रयास सींचते रहें।

दामन में जिंदगी के
कितने ही रंग हैं भर चुके,
रंगों की महत्ता को
जीवन में ढाल हम हैं जी रहे।

18. पहचान।

आहिस्ता ही सही पहचान हो रही

जिंदगी तेरे हर एक नए रूप से,

जो सोचा नहीं कभी वो बात हो रही

आगे भी जाने क्या दिखे मुझको क़रीब से।

अक्सर हुआ महसूस ये जीवन नहीं आसान

चुनौतियाँ ही मिल रहीं पग पग जो लू विश्राम,

जो खुशी है मिल रही पर नाप तोल के

बदले में बलिदान भी वारे हैं थोक में।

डर है पाला और कभी नफ़रत उठाई है

छोटी सी उम्र में नसीहतें ख़ूब पाई हैं,

प्रेम के सही मायने तूने बता डाले

मोह में अपनी हम देते दूसरे को भी घातें।

अपने से ज़्यादा दर्द हम अपनों के ही झेलें

कैसे मन रहे फिर शांत जो दुविधा में ही जीते,

होते हैं हावी हम सभी के व्यवहार कई बार

फिर भी जताते फर्ज़ और हक़ बे-पन्हा यहाँ।

असभ्य से माहौल से परिचित हुए सभी
आने वाले कल को सोच चिंतित भी हैं सभी,
हर एक बुराई को सुना और देखा है कई बार
मानव ही देखो कर रहा है दानव सा यहाँ बरताव।

मिटाएँ क्या बुराई को जो कोई सीमा न रही
अपराध से भी ज़्दा यहाँ अपराधी हैं मिल रहे,
क्या ये ही थे मायने पहले भी जीवन के?
क्या मिले हो तुम भी कभी हर एक रूप से?

आहिस्ता ही सही पहचान हो रही..जिंदगी तेरे हर एक
नए रूप से,
जो सोचा नहीं कभी वो बात हो रही..आगे भी जाने क्या दिखे
मुझको क़रीब से।

19. दुनिया की रीत।

दुनिया में आकार सब कुछ है पाया
दुनिया में रह कर सब कुछ गँवाया,
रीत यह बरसों पुरानी रही
इस रवानी में मैंने जी अपना लगाया।

हर रिश्ते मिले जब जीवन मिला
संग वो रिश्ते चले मैं जहां तक चला,
मैं थम जो गया वो आगे बड़े
जो वो थम गए न जीवन रुका।

सभी हैं ज़रूरी संबंधी एवं साथी
मिलते बिछुड़ते वजह-बेवजह,
एक माँ बाप ही हैं सबसे अलग
न ले पाएगा कोई उनकी जगह।

चाहे किसी भी बुलंदी को पा लूँ
न तुलना किसी की है इनसे सदा,
मिलते हैं कितने साथ एवं साथी,
माँ बाप तो होते हैं एक ही सदा।

दुनिया में आकार सब कुछ है पाया
दुनिया में रह कर सब कुछ गँवाया,
रीत यह बरसों पुरानी रही
इस रवानी में मैंने जी अपना लगाया।

20. मेरे हमदम तू मेरी ज़िंदगी।

ज़िंदगी जुदा नहीं मैं तुझसे

तेरी परछाईं बन तेरे साथ रहा करती हूँ,

तेरी मासूमियत पे तरस आता है,

हर मोड़ पे तुझे मैं सवालों से घिरा पाती हूँ।

न सोचा कि दर्द भी कभी साथी बनेंगे

मुस्कुराने के यहाँ दाम लगेंगे,

मुस्कुराहट लबों पे आए तो कैसे?

हर बार इसे किसी डर से घिरा पाती हूँ।

तेरी मासूमियत पे तरस आता है,

हर मोड़ पे तुझे मैं सवालों से घिरा पाती हूँ।

जो गीली लगे तुझे मेरी पलकें

तू समझना कि बादल घिर ही गए हैं,

तेरी समझ और मेरे समझाने में

मैं निरंतर अंतर को अपनाती हूँ।

तेरी मासूमियत पे तरस आता है,

हर मोड़ पे तुझे मैं सवालों से घिरा पाती हूँ।

कल क्या पता इस पल को मैं फिर से
ढूँढूँ कहीं और कहीं को तू चल दे,
सँभाले रखा था बरसों जिन्हें मैंने मन में
दबे अरमानों को झुलसा हुआ मैं पाती हूँ।
तेरी मासूमियत पे तरस आता है,
हर मोड़ पे तुझे मैं सवालों से घिरा पाती हूँ।

ग़मों ने जीने की वजह दी
और सीख है दी हर हार ने,
रिश्तों के मायने बसे हैं सब
जिंदगी की खुली किताब में।
तपती धूप में ख़ुद को अकेले जो समझूँ
तेरा साया साथ खड़ा पाती हूँ,
तेरी मासूमियत पे तरस आता है,
हर मोड़ पे तुझे मैं सवालों से घिरा पाती हूँ।

21. क़िस्मत।

किस्मत किस रास्ते कब ले जाए क्या खबर?

किस मोड़ पे बदल जाए मायने ज़िंदगी के,

एक क्षण काफ़ी है बदलाव उभरने को

जो रंग चढ जाए फिर न उतर पाए उस परिस्थिति में।

तय करना भी चाहें हम कर न पाते हैं

झुक ही जाते हैं तक़दीर की लिखी के आगे,

लकीरें हाथो की कहाँ तक ले जाती हैं

न आँखें देख पाती हैं और न राहों की गिनती क़दम
जान पाएँ।

गहरी सोच और पक्की तैयारी

फीकी पड़ जाए नियति के आगे,

चाल है अपनी एवं पग भी हैं अपने

पर संचालन करते हैं क़िस्मत के सितारें।

हो साथ मुक़द्दर तो हवाओं सी ताक़त होती है

उड़ने लगती हैं ख़्वाहिशें मखमली पंखों के सहारे,

जो नहीं सौभाग्य की रेखा हाथों में

थकती जाए कल्पना शक्ति विचार मस्तिष्क में भरते।

लाख कोशिशों और अनेकों उम्मीदों पे पानी फिर जाए
भाग्य के आगे अच्छे ख़ासे का सर झुक जाए,
उस मासूम के हालातों की कहाँ सुनवायी हो पाए?
जब संघर्षशील आवाज़ बदक़िस्मती के शोर में डूब जाए।

न खेल भावनाओं से किसी की क्योंकि उनमें भी
जान होती है
है आज अंधेरा इस गली तो रात कभी उधर भी होती है,
समय न बैठा रहे यहाँ किसी एक के लिए,
बंद मुट्ठी में भी सुराख की जगह होती है।

जो रंग चढ जाए फिर न उतर पाए
क़िस्मत किस रास्ते कब ले जाए ये किसको खबर,
वक़्त लगता है रचने और बसने में सबको
तू सब्र को कमा.. ये न होगा कभी ख़र्च।

पंचम खंड - प्रेरणात्मक कविताएँ

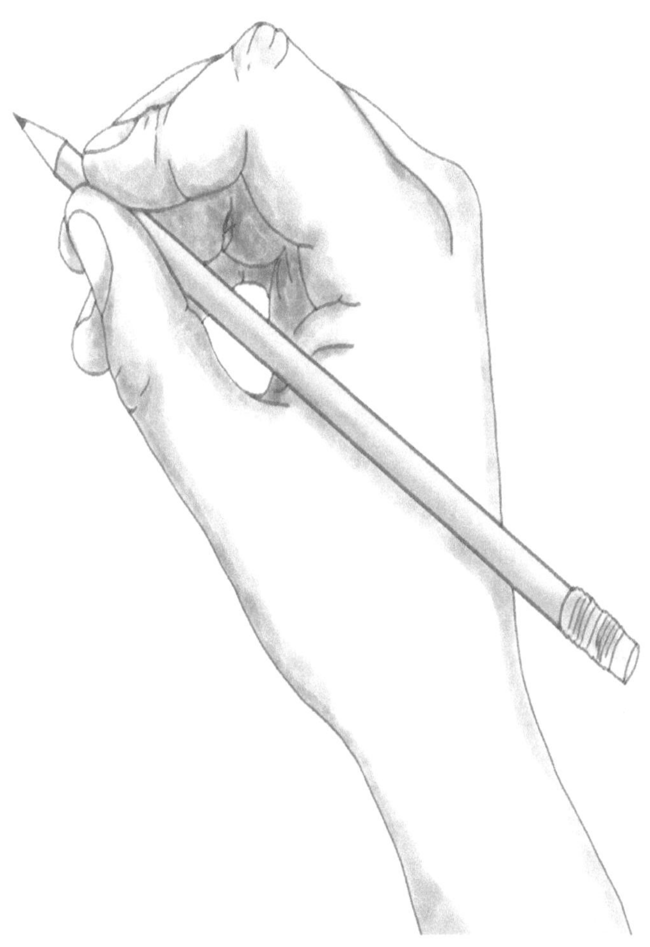

प्रेरणा रूपी प्रेम पनपता है ऐसे,

जैसे कुदरत की गोद में नन्हा सा पौधा।

पालन पोषण, शुद्धता और आस्था के स्पर्श से

सुंदर आकार लेकर उभरता है प्यारा पौधा।

संसार में सच्चे प्रेम का प्रतीक बनने को जो हो सक्षम,

विश्वास की अमृत धारा द्वारा सींचा हुआ.....

फलदायक वृक्ष बन जी उठता है वह पौधा।

Inspiration is a great source of energy. It can easily bring life to a dead mind. God has blessed us all with different types of qualities. Sometimes we are confident to know how to work on those qualities, but sometimes we are lost because of discouragement and unacceptance. Creativity comes from inside as pure as God's blessing. Let's protect and nourish it under the shadow of healthy, inspirational and real life examples. Let's focus on nature and learn how to grow.

Almost anything in nature can inspire me to think creatively.

1. कविता भीतर गूँजे।

चुन चुन मोती शब्दों के, भावों के बुने हैं हार,
एक एक रचना हीरा है, वह रचे मेरा व्यवहार।

लिखना मेरा लक्ष्य बना और कविता बनी आधार,
विषय पे चलते चित के घोड़े, शीर्षक जोड़े तार से तार।

कविता ही है जीवन, कविता ही है सार,
कविता के माध्यम से मैंने व्यक्तित्व लिया है संवार।

श्रृंगार रस है सौंदर्य प्रतीक, व्याख्या से बड़े प्रभाव ,
प्रकृति, ऋतुएँ, नारी आदि, है सब में रस श्रृंगार।

हास्य रस के अन्तर्गत सब भेदों में प्रमुख दिखे एक बात,
मंदहास, कलहास, अतिहास के संग रहे भेद हास्य परिहास।

करुणामय करुणा अस्तित्व, स्पष्ट दर्शाए भाव विषाद,
चिंता, मोह, आवेग, भय, अश्रु आदि के जुड़े करुणा
रस से तार।

रौद्र है क्रोध का भीषण प्रतीक, ग्रंथ महाभारत पढ़ मिले
हैं ज्ञान,
शृंगार, रौद्र, वीर ,वीभत्स, नाट्यशास्त्र के यह चार
भेद प्रधान।

देवों की शक्ति है वीर रस, जोशीले काव्य का वीर आधार,
गौरव गाथा में प्रमुख यह, प्रेरणा जागे श्रोताओं में सुन वीर
रस की पुकार।

भ्रम, अपराध, काल्पनिक आदि, हो वास्तविकता का
चित्रण प्रकार,
भय को उत्पन्न करते हैं, भयानक रस के भयंकर भाव।

वीभत्स रस है भय प्रतीक...है घृणा, रौद्र, विनाश का नाम,
तुलसीदास ने लंकाकांड में, युद्ध की व्याख्या हेतु रचे विभत्स
रस द्वारा हर परिणाम।

अद्भुत रस से आश्चर्य जगे, अचंभित हो जाएँ हम पढ़
अद्भुत भाव,
दिव्य, आनन्द, उत्सुकता आदि.. अद्भुत रस के सब
हैं परिवार।

शांत रस है मौन प्रतीक, पहुँचे परमात्मा ध्यान
सहित अनुभव,
निर्वेद है स्थाई भाव शांत रस के, न द्वेष, न दुख, न
जागे संताप।

वात्सल्य है ममतामय प्रतीक, माँ की कविताएँ है ममता
के द्वार,
करुणा, त्याग, समर्पण, सुंदर वात्सल्य है बालक को वरदान।

भक्ति रस भक्ति को जन्मे... आस्था, साधना, पूजन,ध्यान,
मीरा ने माधव को पूजा, बालक से प्रेम में माँ है प्रधान।

नो रस की महत्ता को बूझे, कविता के हर भाव- स्वभाव,
भाव भाव में ज्ञान धरा है, सब अनुभव के तो हैं ये राग।

प्रतिदिन कविता हृदय से उठती, कवियों की बनती आवाज़,
जागते नयनों के स्वप्न सुनहरे, जो एक देखें.. देखे संसार।

कविता भीतर गूँजे, गूँजे बारम्बार,
चारों ओर अनुभव हूँ करती मैं कविता की बौछार।

2. कड़े संघर्ष।

मैं जब भी टूटी हूँ कड़े संघर्षों के आगे
अनेकों टुकड़ों में मैंने अपना बल बिखरा पाया है,
अस्त-व्यस्त होते मेरे चित को उन क्षणों में मैंने
चारों ओर से अकेले अंधकार में घिरा पाया है।

ऐसे में जो दिखा वो ही प्रेरणात्मक लगा
हारी हुई सोच को परिणामों ने नहीं बल्कि परीक्षाओं ने
उभारा है,
चुनौतियों ने मुझे खदेड़ा नहीं बल्कि स्वीकारा है सदा
तिनका तिनका बटोर आत्मविश्वास का मैंने स्वयं को
जोड़ा है।

जोड़ कर हर बार एक अनूठा अनुभव हाथ लगा है मेरे
मेरी महनत की ओढ़नी पर दमकता हर अनुभव का
सितारा है,
मैं कलात्मक फूलों के रंगों से हूँ भरी
अद्वितीय हैं एवं शक्ति स्वरूप मुझमें इनकी परत का
पहरा है।

बस एक बार ही नहीं पनपते, उभरते एवं सूख जाते हैं
मुझमें ये फूल
अनेकों बार कुदरत ने गाढ़े रंगों का औषधि लेप इन्हें
लगाया है,
हाँ मैं टूटती हूँ जैसे हर आँधी में सबल वृष की शाखाएँ
टूटती होंगी
किंतु क्या कुदरत ने उस वृक्ष को स्वयं से बढ़ना न
सिखाया है?

मैं जब भी टूटी हूँ कड़े संघर्षों के आगे
अनेकों टुकड़ों में मैंने अपना बल बिखरा पाया है
तो क्या हुआ कि टूटना, उखड़ना, बिखरना.. स्वभाव है मेरा?
निःसंदेह सृष्टि के नियम एवं उत्तम परिवर्तन की ये ही
परिभाषा है।

3. गुरू चरण।

गुरू चरणों में शीश नवा के
अद्वितीय शक्ति का आभास होता है,
गुरुओं के पग छूके..
उनके तप एवं निष्ठा का पावन अनुभव होता हैं।

संघर्ष की राह चले पद पंकज
लक्ष्य कला विस्तार ही इनका होता है,
आकृति में सृजन की लहर उभरती
कला का सुंदर संगम दिखता है।

मृगनयन भाव भरपूर कहें
मधुर मुस्कान सुसज्जित स्वरूप..सूर्य उदय जैसा है,
हस्त उँगलियाँ है लचकदार
कथा कहती हर मुद्रा में बनी वह सहायक हैं।

थिरके पग थपथप सुर ताल
चक्र कथक में तीव्र उठें
धवल रूप लहराती काया है,
जब मंच पधारो आप गुरू जी..
श्रोताओं का मन हर्षित हो जाता है।

सुर, ताल, सरगम, वाणी, उच्चारण
आप में संगम पूर्ण रूप से मिलता है।
आप करें जब छंद की प्रस्तुति
ता- थे- ई का सार स्पष्टता से उभर के आता है।

त-तन, थे- धरा , ई- ईश्वर..
कथक धरा पे कलाकार की ही तो प्रार्थना है,
आपकी प्रार्थना में हमें भी गुरूजी
ईश्वर का सुंदर दर्श मिलता है।

गुरू चरणों में शीश नवा के
अद्वितीय शक्ति का आभास होता है…”

4. प्रभु शक्ति।

न सूखने दूँ मैं सागर
चाहे बूँद बूँद टपकूँ मैं,
घन घन वर्षा शब्दों की
रस चूस चूस पनपूँ मैं।

मन भाव भवंडर बाँध
तूफ़ान को जकड़े हूँ मैं,
न निपुण करूँ प्रयास
न हार को जीतने दूँ मैं।

वंदन एवं सत्कार प्रभु
आभार प्रकट करू मैं,
है वरदान आपका साथ
अनुभव बारम्बार करू मैं।

5. पत्थर।

हाँ..! राह पर पड़ा पत्थर हूँ मैं

किसी की भी ठोकर से जगह बदल लेता हूँ,

कोने में पड़ा भारी पत्थर हूँ मैं

निशानी बन राह समझा देता हूँ।

सोने पे जड़ा पत्थर हूँ मैं

क़िस्मत किसी की भी चमका देता हूँ,

पानी में पलता पत्थर हूँ मैं

नदियाँ पार करने को मदद करता हूँ।

कंकड़ समान पत्थर हूँ मैं

बजरी रूप धारण कर महल खड़े कर लेता हूँ,

संगमरमर या भारी पत्थर हूँ मैं

सिलबट्टे का आकार लिए अन्न पीस देता हूँ।

सख़्त चट्टान सा खड़ा विशाल पत्थर हूँ मैं

धरा को खदान सौंपता हूँ,

सुंदर हिमालय एवं विशाल कंचनजंघा हूँ मैं

जप- तप और साधना का पावन निवास कहलाता हूँ।

शिवलिंग का पूज्य पत्थर हूँ मैं

भोले बाबा का विश्वासपात्र सूचक बन जाता हूँ,

मंदिर और घर घर में विराजमान पत्थर हूँ मैं

सृष्टि की शोभा बन आस्था एवं पूजन का प्रमाण दर्शाता हूँ।

जी हाँ..! राह पर पड़ा पत्थर हूँ मैं

किसी की भी ठोकर से जगह बदल लेता हूँ,

काम आता हूँ सबके मैं

जो न भी आऊँ तो भी मैं शांति प्रतीक कहलाता हूँ।

6. कला-बहती नदी।

बहती नदी को
बहाव का उत्तम ज्ञान है।
वह कंकड़ तो है बटोरती,
भीतर मिट्टी बिठाकर निर्मलता से बहना उसका काम है।

अमृत भरती कण कण जल धरा,
संदेह में है पर करती चलती सबका मान है।

कोई अज्ञानी प्रदूषित करता,
कोई रोके नदी के मार्ग को हँसता।

वह फिर रूक जाती और विचलित होती,
अपने गुणों से स्वयं को उज्जवल करती।

प्रक्रिया है कठिन पर साधना पहुँचाए ज्ञान है,
इस प्रयास में बहते जाना ही उसका काम है।

अमृत भरती कण कण जल धरा,
संदेह में है पर करती चलती सबका मान है।

कला भी नदी बन कलाकार के लिए,
भरती चलती वह सबके भाव है।

कोई ज्ञान भरे, कही कोई व्यंग्य कसे,
हर उदहारण पे उसका ध्यान है।

7. भावों की गहराई।

अपनी गहराइयों में डूब के जाना,
कि ख़ुद से इश्क़ करना हक़ीक़त में पाक है।

बाहर सुकून-ए-मुहब्बत तलाशी तो जाना,
वो ख़ज़ाना तो कब से मेरे पास है।

क़दर ख़ुद की जो करने लगी में तो जाना,
कि ख़्वाबों में छिपे गहरे राज़ है।

अपने पे तवज्जो देना है ज़रूरी,
कि ज़िंदगी की रफ़्तार बड़ी ज़ोरदार है।

बाहर मुहब्बत के मायने हैं अलग,
ख़ुद से जो की तो न सौदा न इंतज़ार है।

गहराइयाँ हैं मेरी और ज़हन-ए- महफ़िल भी मेरी,
मुझे न अब किसी का इंतज़ार है।

अपनी क़दर पहचानी तो जाना,
इश्क़ सच में इस ज़माने में एक मुकम्म्मल सा ख़्वाब है।

अपनी गहराइयों में डूब के जाना,
कि ख़ुद से इश्क़ करना हक़ीक़त में पाक है।

8. प्रिय चाँद।

प्रिय चाँद तुझमें दाग है
ये ही सोच कर तुझसे प्यार है,
वरना ये दुनिया मुझे
तुझे ताकने की मंज़ूरी भी न देती।

दाग होकर भी तू पाक है
यक़ीनन ये ख़ास बात है,
तभी तो तेरी तारीफ़ें
दुनिया करती नहीं थकती।

मेरी ख़ुशक़िस्मती है
कि तू चुप चाप मुझे सुन लेता है,
मालूम है तुझे कि दुनिया क़ाबिलियत बग़ैर
गौर नहीं फ़रमाया करती।

बस कोशिश में हूँ
कि तेरे वजूद से कुछ तो रोशन हो जाऊँ मैं,
तेरी ताक़त और सब्र की मिसालें
दुनिया यूँ ही नहीं दिया करती।

9. कलाकार।

हाँ मैं कलाकार हूँ! सत्य हूँ पर हार हूँ!
पवित्र वीणा की ध्वनि सा उत्पन्न काव्य हूँ रचनाकार हूँ ।

मैं राग मेघ मल्हार हूँ! सुर में उठूँ अश्रु बन बहूँ,
सार हूँ साहित्य का, प्रतिभाओं की तेज़ धार हूँ।

जन्मी हुनर को साथ लेकर, किलकारियाँ भी सुर में उठतीं,
थप थप थिरकते पग मेरे, नृत्य की मैं पूजा करती।

पाबंदियों के घेरे मिले क्योंकि शिक्षा ही उत्तम मार्ग है..?
नृत्य, संगीत, क्रीडा प्रदर्शन सब व्यर्थ है? होता समय
बर्बाद है?

किंतु, मैं समझ से थी परे कि क्या बला मैं आख़िरकार हूँ?
हाँ मैं कलाकार हूँ! सत्य हूँ पर हार हूँ!

अक्षरों को संजोके मैंने विचारों को सुंदर चेहरा दिया,
बरखा से बरसते भावों को चित्रों में प्रकृति स्वरूप भर दिया।

सोचा कभी कि अपनी कला को पंख दूँ, बुलंद आवाज़ दूँ
पर अपनों के रूखे व्यवहार से होके हताश मैं चुप ही रहूँ।

माता पिता न भरोसा बने, मर्यादा के मंडप विवाहित मैं हुई,
पति को चिंता समाजिक सोच की, बच्चों से शर्मिंदगी भरी
नज़रें मिलीं।

दोस्त भी कहने लगे अब वक़्त आगे निकल चुका,
बचपन में करतीं कोशिश अगर हुनर शोभा बन संवरता।

अनसुना कर दबने दिया जिसे मैं वो दबी दहाड़ हूँ,
हाँ मैं कलाकार हूँ! सत्य हूँ पर हार हूँ!

एक रोज़ महा मंच पर अभिनय को देख मैं ललचा गई,
आदेश आया भीतर से मुझको, मैं बाँध घुँघरू मंच
पे उतर गई।

कर नमन दरबार को मैंने कला को रच दिया,
तालियों की गड़गड़ाहट ने मन मेरा गद्‌गद किया।

स्वप्न था जागी आँख का, मैं मंच से नाराज़ हूँ,
मुझमें समाईं शक्तियों की ज्वाला को थपकी मैं भरूँ।

हूँ अग्नि कुण्ड में उठती लपटें, कैसे ख़ुद को अब
स्थिर करूँ?
हाँ मैं कलाकार हूँ! सत्य हूँ पर हार हूँ!

काश वो एक सत्य होता, काश साहस मुझमें होता,
बेड़ियों को तोड़ फेंक, बल मेरा तांडव खुल के करता।

स्वीकार न तुमने किया, मैं ख़ुद में पनपता व्यवहार हूँ,
है जो रक्त का उबाल मुझमें, उस लाल रंग की प्रचंड
जोत हूँ।

कल्पनाओं में गढ़े विशाल मंच की मैं किरदार हूँ,
हाँ मैं कलाकार हूँ! सत्य हूँ पर हार हूँ!

ये मैं नहीं मुझमें बसी माँ शारदा का विषाद है,
न होगा स्थिर अब जोश मेरा ये उनकी ही आवाज़ है।

न नाराज़ हूँ न हूँ हारी हुई और न त्याग की घुटन में अब
जीना है,
समाज की तोड़ बेड़ियाँ सूर्य किरणों सा मुझको उभरना है।

ख़ुद से तराशा हीरा हूँ मैं, दर्शक हूँ मैं, क़द्रदान हूँ
प्रशंसक भी मैं, श्रोता भी मैं, मेरे घावों का इलाज हूँ।

हाँ मैं कलाकार हूँ! सत्य हूँ न मैं हार हूँ.... सत्य हूँ न मैं
हार हूँ!

10. चलता जा रहाँ हूँ।

चलता जा रहा हूँ
न क़दम गिने न साथ,
बढ़ता जा रहा हूँ
इस मंज़िल से उस पार।

बढ़ते क़दम के न कान है
न सुर सुने न राग,
न ताल पर चलते क़दम
बस भागते दिन रात।

क्या ग़ौर फ़रमाना भला
कौन बना रहा क्या बात?
बे-असर होती नज़र
न मन को रहा लगाव।

फ़ुरसत किसे जो पूछ ले
किस होड़ में तुम हो भागते दिन रात?
और फ़ुरसत कहाँ जो जान लूँ
क्या सोचे हैं आख़िर ज़हान?

क़दम तो चलते जाएँगे
चाहे नहीं चले कोई साथ,
थकेंगे पर रूक न पाएँगे
भुला के सारे घाव।

छोटे मगज में शोर है
जो खा जाए मेरे कान,
बड़े जहान में कौन है
जो सुन सके यह गान।

है शोर गुल है रोशनी
है पहने सभी नक़ाब,
हँसती हुई शक्लें हैं चारों तरफ़
हैं परतें चढ़ीं हज़ार।

दोड़ते सभी हैं यहाँ
है सभी में कुछ तो राज़,
किसको मिली राहत यहाँ
जो गिन सके कल आज।

सामने है रास्ता
कहे उठा क़दम बड़ आ,
आजू बाजू देख कर
न वक़्त फ़िज़ूल कर बरबाद।

बढ़ने की हो जो कोशिशें
लगे दल दल से उठते पाँव,
गिरने न दूँ मैं हौंसला
चाहे ख़्वाहिशें हो क़ुर्बान।

गँवाए कितने हैं साथ
कितने लम्हें हुए ख़राब,
कोई न भी दे विश्वास
मेरा दिल है मेरे पास।

चलता जा रहा हूँ,
न क़दम गिने न साथ,
बढ़ता जा रहा हूँ
इस मंज़िल से उस पार।

11. मेरे हमसफ़र जूते।

नई मंज़िलों की ओर
रूख कर चल दिए हैं हम,
मैं और मेरी तक़दीर के दो सितारें
मेरे हमसफ़र जूते जो मुझे बड़े हैं प्यारे।

रिवाज नहीं मेरी चाहत हैं
बनावट नहीं मेरी लिखावट हैं,
माना हैं साधारण से किंतु
असाधारण प्रेम देकर उत्साह है मेरा बढ़ाते।
छाप छोड़ अपनी यें ख़ास मुझे बनाते,
मेरे हमसफ़र जूते जो मुझे बड़े हैं प्यारे।

कीचड़ से ख़ुद यें सन जाते
मुझे मख़मली महसूस कराते,
कड़े पड़ावों पे डटकर साथ मेरे यें रगड़े जाते
पर न हार महसूस कराते।
मेरे हमसफ़र जूते जो मुझे बड़े हैं प्यारे।

नई मंज़िलें नई चुनौतियाँ
नए मुसाफ़िर हैं आते जाते,
आजीवन आते हैं उतार चढ़ाव
किंतु ये जूते न थम जाते।
एक जोड़ी जूतों का संग राहत का घर बन जाते।
मेरे हमसफ़र जूते जो मुझे बड़े है प्यारे।

नई मंज़िलों की ओर
रूख कर चल दिए हैं हम,
मैं और मेरी तक़दीर के दो सितारें
मेरे हमसफ़र जूते जो मुझे बड़े हैं प्यारे।

12. गर्म कपड़े।

I'm working hard for a living, I need your support..."

मैं दूर पहाड़ी गाँव से आया

संग अपने सपने बुन लाया,

बेच रहा हूँ मैं वो सपने

ग्राहक का मन हर्षाने आया।

लाद के लाया शाल और कम्बल

स्वेटर, चद्दर, गर्म जुराबें,

असली ऊन न कोई मिलावट

मैं गाँव की उत्तमता भर लाया।

अरमानों के झोले ढोए

दूर नगर तक मैं चल आया,

सही दाम में बेच रहा हूँ

न तोल मोल कर थकने आया।

दादी जी, माता जी आओ

अंकल जी को संग ले आओ,

बोनी से दुकान खुलेगी

मैं सामान ये सारा बैचने आया।

"मैं दूर पहाड़ी गाँव से आया..
मैं सर्दी के सपने बुन लाया..."

13. मेरा नाम विश्वास है।

मेरा नाम विश्वास है,
मैं नाम से क्यों न पहचाना जाता हूँ?
बड़ी कम्पनी वाले बाबू है मिस्टर,
मैं नुक्कड़ का मोची क्यों कहलाता हूँ?

है मेरा भी परिवार बसा,
मैं मेहनत कर पेट पालता हूँ।
थोड़ा बहुत जो कमा रहा हूँ,
बस उसी से घर चलाता हूँ।

हाँ पेशे से हूँ मैं साधारण मोची,
साधारण हूँ!
पर ज़रूरत के समय याद भी आ जाता हूँ।
किंतु जग में उपजे प्रेम अभाव को,
भलीभाँति मैं भाँप लेता हूँ।

अभाव भरा है चूँकि भेदभाव है,
मैं ऊँच नीच के अंतर को झेलता हूँ।
काम तो आ जाता हूँ सबके,
चंद रुपयों के मोलभाव में मैं पिस जाता हूँ।

कड़कती धूप हो या बरसात का मौसम,
शीत लहर या हो धुँध हर ओर।
मैं उसी नुक्कड़ पर ग्राहक की राह देखता रहता हूँ,
जैसी भी परिस्थिति हो मेरी मैं सेवा में हर पल रहता हूँ।

काम काज सभी हैं करते,
मैं सब की मेहनत को सम्मान देता हूँ।
किंतु एकांत में बैठ मैं सोचूँ ये भी,
कि क्यों नाम से नहीं जाना मैं जाता हूँ?

इज़्ज़त सभी को प्यारी है,
मानव की मेहनत के है रूप अनंत।
किंतु छाप काम की व्यक्तित्व से जुड़ी,
क्यों छोटी सोच के घेरे में मैं ख़ुद को पाता हूँ?

रिक्शे वाला, कूड़े वाला,
नौकर या मज़दूर ही हो।
मैं उनके जैसा महत्वपूर्ण हूँ ,
और उनके जैसा गरीब भी हूँ।

है पहचान मेरी बस काम में आना,
किंतु सम्मान का मैं भी अभिलाषी हूँ।
काम की कमी मैं सहता हूँ,
चुपचाप गुज़ारा करता हूँ।

जो न होंगे मोची जग में तो,
बोलो क्या कर पाओगे?
कैसे सियोगे फटे जो जूते
ठाट किसे दिखाओगे?

मैं रोज़मर्रा की ज़रूरत हूँ,
मैं शालीनता से कार्य करता हूँ।
ओ भैया जी कहने वालो..!
मेरा नाम विश्वास है...
मैं नाम से क्यों न पहचाना जाता हूँ?

14. चाँद तुम्हारी ख़ामोशी

चाँद तुम्हारी ख़ामोशी में
मैं गहरा समंदर देखती हूँ,
तूफ़ान तो मुझमें उठता है
मैं ठहराव तुम्हीं में देखती हूँ।

मैं उठती हूँ बिखरती हूँ
भूकम्प सा मैं फिर फटती हूँ,
तुम चुपचाप नज़ारे देखते हो,
मैं लावा बन उबलती हूँ।

ऐ चाँद मेरे! क्यों सब सुनकर
तुम खामोशी पकड़े रहते हो?
हाँ जानती हूँ तुम सबके हो
पर मैं बस तुम पर मरती हूँ।

दूर हूँ तुमसे इस नाते
असल चाँद से बातें करती हूँ,
उसकी भी फ़ितरत तुम जैसी
वो इतराए! मैं तरसती हूँ।

मेरे मन के मीत सुनो
मैं ज़हन से तुमको तकती हूँ,
चाँद तुम्हारी खामोशी में
मैं गहरा समंदर देखती हूँ।

(एक असल चाँद और एक जो दूर बसा है)

15. वजूद मेरा।

अगर मैं ये नहीं तो मैं वो भी नहीं
वजूद मेरा है मुझे ख़ुद से तय करने दो,
बनावटी लगूँगी झूठ को ओढ़कर
असलियत पे मेरी पहरे न तुम करो।

दामन को मेरे मैंने कड़ी मेहनत से संवारा है
मेहनत का पसीना है इसे मैला न तुम कहो,
कोशिशों के आगे रोज़ दम तोड़ती हूँ
उखड़ती हूँ रोज़ मुझे मरने को तो न कहो।

जीने की आरज़ू मुझमें भी पलती है
ये जो पलती है भीतर इसे खुल के जीने दो,
अगर मैं ये नहीं तो मैं वो भी नहीं
वजूद मेरा है मुझे ख़ुद से तय करने दो।

16. चलचित्रदर्शी बायस्कोपि

यह चित्र बड़ा मनभावन है,
इसमें इतिहास की झलक मिली।
तब गाँवों में कहाँ बिजली थी..?
जब सिनेमा की शहरों में धाक जमीं।

गाँवों में मेले ज्यों सजते थे,
सब में उत्सुकता रहती थी।
काला खट्टा, बर्फ़ के गोले,
काँजी, चूर्ण और जलजीरे की बड़ी महत्ता थी।

बायस्कोप के सुने थे चर्चे,
परे देखा था पहली बार इसे।
जब बचपन में बड़े भइया संग,
नानी के गाँव गई थी मेले।

आसपास के गाँव के वासी,
पहुँचे वहाँ परिवार सहित।
शहरी वह से सामान ख़रीदें,
देखें संग करतब और सर्कस।

एक बूढ़े काका का भेस निराला,
और काँधे टँगा बड़ा सा डिब्बा था।
अजब लगे पर था आकर्षित,
आकार उस चौड़े डब्बे का।

बाबा बोले है ग़ज़ब का जादू,
मेरे अजब से डब्बे में।
चलचित्रदर्शी नाम है इसका,
इसमें सिनेमा का छोटा दर्श मिले।

मैं सोचूँ क्या ख़ास है इसमें,
जो बच्चे यूँ भीड़ जमातें है?
शहरों के सिनेमाघर है बेहतर,
विशाल पर्दे के ठाट निराले है।

मेरी देखनी देख के बाबा बोले,

तुम सबसे पहले आगे आओ।

कोई दाम नहीं देना बेशक तुम,

पर अनुभव इसका संग लेके जाओ।

मैंने उनका प्रस्ताव स्वीकारा,

और झुक कर आँख टिकाई डब्बे में।

भिन्न भिन्न चित्रों की माला,

और बाबा की टीका-टिप्पणी भी चलती संग में।

खेल ख़त्म बेटी अब बोलो,

क्या आया कुछ तुमको समझ में?

सोच के कुछ क्षण मैंने पूछा,

क्यों लाद के घुमो तुम भारी सिनेमा गलियों में?

हँसकर बोले प्यारी बिटिया,

ये तो मेरी रोज़ी है।

पुश्तैनी, पारम्परिक धरोहर,

पिता की अंतिम निशानी है।

पिता की तरह मुझे भी बच्चों संग,

लगाव बड़ा ही गहरा है।

तुम तो ठहरी शहरी गुड़िया,

पर इन बच्चों का गाँव ही डेरा है।

जब जब मैं इन्हें मिलने आऊँ,

सब दौड़े दौड़े आते हैं,

बाबा जी क्या नया हो लाए..?

कितने दिनों बाद तुम आए..?

प्रश्नों की बौछारों से मन मोहित कर जातें है।

मैंने यह चलचित्र का डिब्बा,

इन्हीं के लिए सम्भाला है।

"देहाती बच्चे है..!" तो क्या..?

भई मनोरंजन पे अधिकार सभी का बराबर है।

बाबा की बातों से सीख मिली,

और चित में मैंने ज्ञान भरा।

तब से मैंने भी नानी माँ की,

कुछ चीज़ों को है सम्भाले रखा।

अब नाना नानी न संग हैं मेरे,

पर गाँव की सौगातें ज़हन बसी।

पाकर झलक चलचित्रदर्शी की आज,

बचपन की सुंदर यादें ताज़ा हो गईं।

17. मेरी सनक।

क़द मेरा रोक लो बेशक

घिस दो भले मेरा आज मेरा कल,

कोशिशों को मेरी मसल के रख दो

तोड़ के रख दो इकट्ठा किया मेरा बल।

छीन लो हर एक मौक़ा

दाँव खेल लो मेरी पूरी मशक़्क़त पर,

छल से बिखेर दो मेरा बटोरा हुआ हौसला

लूट लो मेरा सुकून, मेरा चैन, मेरा घर।

मैं आग हूँ आग! आख़िरी चिंगारी तक मैं न बुझूँगी

भड़कते हुए शोलों में अपनी सनक सेंकते हुए बढ़ूँगी,

जो बुझ भी गई मैं तो मैं यूँ ही ग़ायब न रहूँगी

राख बन कर ही सही मैं ज़माने में ज़ोर भर कर उड़ूँगी।

तुम चाँद बन चमको और मुझे ख़ाक में ही जीने दो

मैं वहीं से अपनी मेहनत का एक नया शिखर ख़ुद गढ़ूँगी,

तुम भले सूरज, चाँद, सितारे बन, इस जहान में छा जाना

मैं मिट्टी में रल मिल कर हर जड़ में घर कर लूँगी।

ये आवाज़ है मेरी हर एक उस शख़्स को
जिसका गुरूर मेरे हर ख़्वाब को छल्ली करता ही रहा,
दुखता हर ज़ख़्म ख़्वाबों की दास्तान लिख देता है
लफ़्ज़ अरमान हैं मेरे, मेरा जनून होता लहू सा रवाँ।

मुझमें कला है जज़्बा और बसे बनके बरकत
ख़ुदा कहे एक की चार तू करती चल,
क़द मेरा रोक लो बेशक
घिस दो भले मेरा आज मेरा कल।

18. रिक्शे का सफ़र।

रिक्शे का सफ़र बेहद भाता है मुझे,

बैठो तो लगता है झूला झूल मैं कर रही हूँ मज़े।

आम के आम एवं गुठलियों के दाम,

झूला भी झूलाये और पहुँचा दे यह दूसरी जगह।

अनेकों बार बैठी हूँ मैं विभिन्न प्रकार के रिक्शों पर,

सफ़र सस्ता एवं मज़ेदार झाकियाँ दृष्टि को आये नज़र।

हवाँ भी खुली, छत सर पर हो तो ढाक धूप से मैं बची,

आते जाते हर राह वाहन, दुकान, मकान की रखती मैं ख़बर।

पकड़ो न पकड़ो एक सा ही महसूस हो मुझे,

जाँबाज़ जान जोखिम चखने का अनुभव लेती रहे।

मानो ऊँट पर सवार हो झटकों की मार मुझको सहनी है,

कमर की लोच को सख़्त मालिश यूहीं मिलती रहे।

अक्सर मेरा ध्यान रिक्शा चालक की पिंडलियो पर जाता,

पतला बदन है "भाईया जी" का पर ताक़त वह पूरी लगाता।

सख़्ती से पैर पैडल पर मार कसरत करती वे डंडे सी टांगें,

जल्दी चलो "भइया" सुन जोश पूरा वह अपना दिखाता।

पत्थर बनी पिंडलियाँ, हाथ सख़्त जमे दिखते हैंडल पर,
माथे टप रहा पसीना, तेज़ धूप उठे या बौछारी लहर।
वह पहिया घूमाता जाता है और सवारी छोड़ आता है,
करता मेहनत और गृहस्ती चलाता वह दिहाड़ी पर हो निर्भर।

"भईया जी" रफ़्तार बढ़ाओ! किराया थोड़ा कम लगाओ,
दिहाड़ी पाने को सवारी की फ़रमाइशे वह सुनता है।
ज़रा आगे तक ले जाओ..अरे "भाई"! तमीज़ से बतियाओ,
सवारी न हाथ से निकले, न चाह कर भी वह मन मारता है।

आज एक पुरानी याद ने कई पुराने पलो के टाँके खोल दिये,
बचपन,यौवन एवं दिल्ली दर्शन की हर याद मन दोहरा रहा।
ताज्जुब तो होता था और बुरा भी लगता था उन्हें दर्द
मे देख कर,
मन फिर भी रिक्शा की सवारी को ही करता था।

ज़िद थी कि रिक्शा की सवारी कर थोड़ी तो मदद कर सकूँ,
उसके काम कुछ तो आ सकूँ जो ख़ुद्दारी से है कमा रहा।
पहले न थी इतनी समझ जो मस्तिष्क में बुद्धि आज है,
एक ग़रीब भी मेहनत अमीर से कम नहीं है कर रहा।

रिक्शे का सफ़र बेहद भाता है मुझे,
बैठो तो लगता है झूला झूल मैं कर रही हूँ मज़े।
आम के आम एवं गुठलियों के दाम,
झूला भी झूलाये और पहुँचा दे यह दूसरी जगह।

19. मोची।

My small efforts help you to step big...."
Please give respect!

मोची भले मैं नाम से हूँ

पर काम नेक मैं करता हूँ,

घिसते पैरों के संघर्ष को

चाल सही मैं देता हूँ।

आते हैं कितने हर रोज़

मुझ नुक्कड़ के मोची को मिलने,

नाता नहीं मेरा उनसे पर

एक संकल्प बाँध के रखता हूँ।

न मैं उनके पथ का राही

न पहचान मैं उनसे चाहता हूँ,

मैं अपने करमों से मोची हूँ

काम आ सकूँ यहीं मैं चाहता हूँ।

लदे पड़े हैं जो जूते दरवाज़े,

न अधिकार मैं इन पे जताता हूँ,

मैं रोज़ दिहाड़ी पर हूँ निर्भर

बस मेहनत का दाम उचित मैं चाहता हूँ।

दुकान भले मेरी कच्ची है
पर इसका मैं पक्का मालिक हूँ,
कड़ी धूप में सड़ता हूँ
खून पसीना बहाता हूँ।

आओ मिलो कभी नुक्कड़ पर
मैं हर एक का स्वागत करता हूँ,
जीवन लगा दिया सेवा में मैंने
बदले में सम्मान मैं चाहता हूँ।

मोची भले मैं नाम से हूँ
पर काम नेक मैं करता हूँ,
घिसते पैरों के संघर्ष को
चाल सही मैं देता हूँ।

20. मज़दूरनी।

"All labor that uplifts humanity has dignity...."

मज़दूरी करती हूँ!
महनत कर घर चला रही हूँ।

कई मकानों की नींव पे
मेरा पसीने और रक्त बहा है,
उन महलों में रहने वालों को
मैं याद भी न आ रही हूँ।

जहाँ थक कर थमी मैं
भीतर से ज़ोर पकड़ा मेरी कमज़ोरियों ने,
मैं भावुकता को त्याग
चट्टान में ढलती जा रही हूँ।

मज़दूर जात है मेरी
और ईंटें ढोना पेशा है मेरा,
भले खून बहे या औलादें रो रहीं मेरी
मैं तपती सड़क पे जीवन घसीटे जा रही हूँ।

मेरे सौंदर्य पे कुछ तो लिखो कभी
मैं आम नहीं बेहद ख़ास बनती जा रही हूँ,
मैं परिश्रमी औरत की एक मिसाल हूँ
बच्चों के उज्ज्वल भविष्य हेतु मैं त्याग में ढलती जा रही हूँ।

मज़दूरी करती हूँ!
महनत कर घर चला रही हूँ।

21. चिंगारी।

हाँ! मुझमें एक चिंगारी है,
तत्पर रहती है भड़काने को।

आघात नहीं उद्देश्य रचा,
बस आतुर है वह उभरने को।

निरंतर तप कर पावन होती,
सोच को करती उज्ज्वल जो।

मुझमें विकसित चिंगारी के,
भावों की भाषा है जीवन स्रोत।

एक से चार हो बढ़ने को सक्षम,
नियंत्रण प्रदान है ईश्वर को।

नमन एवं आभार समर्पित,
इस शक्ति के संचालक को।

कला स्वरूप चिंगारी है,
सक्षम है प्रकाश चहुँओर पहुँचाने को।

उचित लक्ष्य को चित में धर कर,
दहन करे वह स्वयं के कण को।

हाँ! मुझमें एक चिंगारी है,
तत्पर रहती है भड़काने को।

22. जीव विज्ञान

ज्ञान जुड़ा है जीवन से प्राणी,
विज्ञान ज्ञान की भोर है।
रूप, आकार का अंत नहीं है,
बसे जीव में जीव विज्ञान अनमोल है।

जीव विज्ञान की सुंदर व्याख्या,
स्वयं प्राणी की काया कहती है।
ईश्वर से प्राप्त इस काया के भीतर,
जीवन रूपी अनेक तरंगें बहती हैं।

जीवन बना है पाँच तत्वों से,
मिश्रण जल, तप, वायु, धरा एवं आकाश का है।
ईश्वर के इस अद्भुत आविष्कार को,
जीव विज्ञान का निरंतर संचालन है।

शरीर की सभी कोशिकाओं का अध्ययन,
जीव विज्ञान द्वारा हमें अनुभव हो पाता है।
जीव, जीवाणु एवं असंख्य कोशिकाएँ,
सबका आधार जीवन विज्ञान हमें समझाता है।

नर- मादा, बालक- युवा या वृद्ध की हम जो बात करें,

पशु- पक्षी, पेड़- पौधे या मानव जीवन पे यदि हम चर्चा करें।

प्रकृति में जीवित हर वस्तु में जान जिस तरह बसती है,

कण कण की हर हरकत पे जीव विज्ञान के ज्ञान की

दृष्टि है।

मुझे प्रिय है जीव विज्ञान,

मुझमें एक चाह उमड़ती है।

अध्ययन करूँ मैं मानव जीवन,

चिकित्सक बनने की प्रेरणा मन में जागती है।

कर अध्ययन निरंतर मुझे,

जीव विज्ञान के पाठ समझने हैं,

मुझमें विकसित सेवा भावों द्वारा,

उपचार अनेकों के करने हैं।

ज्ञान जुड़ा है जीवन से प्राणी,

विज्ञान ज्ञान की भोर है।

रूप, आकार का अंत नहीं है,

बसे जीव में जीव विज्ञान अनमोल है।

23. कछुआ।

Never discourage, always encourage!

हाँ! मैं चल रहाँ हूँ अपनी गति से,
तुम भले कछुआ पुकारो।
न थकूँ मैं न रुकूँ मैं,
तुम भले ठहाके लगा लो।

प्रयास मेरे मुझको प्रिय हैं,
असफलता का न मैं बोझ पालूँ।
रेंगता हूँ मेहनत से अपनी,
कछुए को मैं आदर्श मानूँ।

आदर्श चूँकि है वह उत्तम,
है रुकना नहीं यह आधार पा लूँ।
संयम से होते प्राप्त लक्ष्य की,
यात्रा को रोचक मैं बना लूँ।

गिर पड़ूँगा, थकने लगूँगा,
न इतने में मेरी हार मानो।
ग्रहण कर ऊर्जा उठूँगा,
सब्र थोड़ा तुम कमा लो।

अर्जुन के भाँति चल पड़ा हूँ,
लक्ष्य पथ न रण बनाओ।
माना नहीं विद्वान हूँ मैं,
तुलना की बेड़ी न पैरों में डालो।

सारथि चित में बसे,
उनकी कही करना मैं जानू।
स्वयं का समर्थक हूँ मैं,
मेरे विश्वास से विश्वास बाँधों।

हाँ! मैं चल रहाँ हूँ अपनी गति से,
तुम भले कछुआ पुकारो।
न थकूँ मैं न रुकूँ मैं,
तुम भले ठहाके लगा लो।

24. कंकर।

चट्टान से अकसर गिरा और आ धरा पे फिर खड़ा,
बावरा मन भूल कर फिर कोशिशों में जुटता रहा।

हारता तो रोज़ हूँ पर सीख का जज़्बा लिए,
न डर लगे अब हार से की शर्म को मैं खा चुका।

था जुड़ा चट्टान से तो गुरूर से था चिपका हुआ,
हलचल धरातल में हुई और चटक के मैं औंधे मुँह गिरा।

लुढ़क के मैं छँटता गया और पत्थर से कंकर बनने लगा,
था जो पत्थर तो चुभता था मैं अब नीवा हो कहीं टिकने लगा।

ढल गया जो बजरी में मैं तो काम का अब बन गया,
क़तरा मेरा कुछ ख़ज़ाना हुआ.. कुछ मकान बनने
योग्य हुआ।

सीख मैंने गिर के ही पाई, बुलन्दियों में बस कशिश रही,
व्यक्तित्व में पनपते ज़हरीले घमंड को हर क्षति ने
सूखा किया।

25. मेरी ज़िद।

ये ज़िद है!
कि गिर कर भी उभरता नज़र आऊँगा,
मेरी डालियों पे सजे पत्तों को मैं अकसर लहराऊँगा।

कोशिशें मुक़ाम ज़रूर पाती हैं उम्मीद से,
मैं हार मान कर यूँही हार को नहीं पाऊँगा।

मैं गिरूँगा, ठिठुरूँगा और कमज़ोर भी पड़ता जाऊँगा,
किंतु अपने दम पर मैं शान से जीता जाऊँगा।

शीतलता स्वभाव है गेरा, छाया बाँट राहत को मैं पाऊँगा,
जिस कारज जन्मा हूँ वह कर के मिट्टी मे मिल जाऊँगा।

ये ज़िद है!
कि गिर कर भी उभरता नज़र आऊँगा,
मेरी डालियों पे सजे पत्तों को मैं अकसर लहराऊँगा।

षष्ठ खंड - हिंदी भाषा/ईश्वर कृपा/मेरा भारत/उत्सव

"सारे जहान से अच्छा हिंदुस्तान हमारा,

    हम बुलबुले हैं इसके, ये गुलिस्ताँ हमारा.."

इसी सोच के साथ हम भारतीय भी सारे जहान में अपने प्यारे हिंदुस्तान का नाम ऊँचा रखना चाहते हैं।हिंदी भाषा एवं संस्कृति से हम प्रेम तो सभी को है, किन्तु व्यवहार और प्रचार में हम संकोच लाते न थकते हैं।

भारत की संस्कृति और भाषा का महत्व यदि हम भारतीय नहीं समझेंगे तो पूरा विश्व भारत की उपलब्धियों की चर्चा हमसे न कर, बाक़ी सभी ओर इसका गुणगान करता जाएगा और अपने व्यक्तित्व में भारतीय हुनर के ख़ज़ाने को पूरी तरह विकसित कर स्वयं को एक उत्तम मिसाल बनाने का प्रयास अवश्य करेगा।

जब हम हमारी भाषा, संस्कृति और पहचान का बढ़ता आकर्षण सभी ओर देखते हैं तो हम ख़ुशी से फूले नहीं समाते हैं। तब कहीं जाकर हमें यह आभास होता है कि हमें भी हमारी धरोहर से सत्य प्रेम कर उससे प्राप्त ऊर्जा शक्ति को विस्तार रूप दे कर तराशते रहना है, न की भीतर दबा देना है।

जिस प्रकार शुद्ध वायु, शुद्ध जल एवं शुद्ध वातावरण उत्तम स्वास्थ्य के लिए आवश्यक है।ठीक उसी प्रकार हिंदी भाषा का प्रयोग भी हम भारतीय, जो भारत में रहते हैं और प्रवासी भारतीयों के लिए भी महत्वपूर्ण है।

मुझे अपने हिंद और हिंदी भाषा पे गर्व है। पिछले उन्नीस वर्षों से मैं विदेश में हूँ! "प्रवासी" हूँ। मैं भले ही हिंदी भाषा की ज्ञानी नहीं, किंतु मैं स्वयं में हिंद बसाए हुए हूँ। हिंदी भाषा

ने मुझे पहचान दी है, मुझमें पनपते एवं उभरते हुए भावों को पुष्पों के हार स्वरूप पिरोने की कला दी है।

"भीतर आत्मविश्वासी भाव एवं व्याख्या में सुंदर विस्तार लाती है हिंदी भाषा।"

उच्च आचरण, रिश्तों में आदर सम्मान, ईश्वर की प्रार्थना में समर्पित मनमोहक भजन, संस्कृति से जुड़े स्वर्णिम श्लोकों के उत्तम अर्थ, देशभक्ति गीतों में माँ भारती का गुणगान, गुरुओं का आदर- सम्मान, माता-पिता से जुड़े हर रिश्तों से गहरी पहचान, बाल बच्चों की उत्तम शिक्षा एवं बड़े- बुजुर्गों के अनुभवों की सच्ची कहानियाँ आदि सब कुछ हिंदी भाषा से सम्भव है।

हिन्दी भाषा वह अमूल्य ख़ज़ाना है जिसको हमें विस्तार में लाना है। चाहे हम संसार में जहां भी रहें, हमें हमारी संस्कृति, हमारी प्रथा, हमारी धरोहर "हिंदी" का सदैव सम्मान करना है।

यदि हम अपनी भाषा को कम ही प्रयोग में लाएँगे, तो हमारे बच्चे और आगे उनकी पीढ़ी हमारी धरोहर का महत्व नहीं समझ पाएगी। मैंने कई बार लोगों को हिचकिचाहट के साथ हिंदी भाषा का प्रयोग करते हुए पाया है।हिंदी कच्ची पक्की चलेगी, किन्तु अंग्रेज़ी उत्तम आनी चाहिए।कुछ ऐसे ही विचारों के घेरे में मैंने स्वयं को कई बार पाया है। किंतु मुझे मेरी हिंदी भाषा से प्यार है, क्योंकि हिंदी भाषा ने मेरे व्यक्तित्व से प्रेम किया है। हिंदी मेरे भीतर जीती है और सदैव मुझे मेरे भारत से जोड़े रखती है।

अपनी ही भाषा के प्रयोग में संकोच कैसा? बल्कि हमें भारत और पूरे विश्व में हिंदी भाषा का प्रचार डंके की चोट पे

करना है। ताकि हर एक भारतीय को हिंदी की महत्ता समझ
आए और जब सब ओर से प्रयास सही रूप में होंगे, तब हिंदी
का पताका हर ओर स्वाभिमान के अम्बर लहराएगा।

हिंदी भाषा ने ही मुझे हिंद से है जोड़े रखा,

हिंदी भाषा ही बोले मेरे भावो की हर दशा।

हिंदी है ज़रूरी क्योंकि बहती है मुझमें बन कर ये नशा,

सोच को नक़्शे में बदलकर छापती है हर कथा।

भावों को सुंदरता से पिरोती हिंदी भाषा को सलाम,

मान-सम्मान एवं आदर भरे शब्दों को सदैव "राम राम"।

हिंदी भाषा में छुपी कला में है गहरी कल्पना,

हिंदी भाषा में बसी है मेरी पूजा अर्चना।

Hindi - Language of love, knowledge and respect.."

1. मेरी हिंदी भाषा।

मुझमें मेरी हिंदी भाषा जैसे ईश समान,

पग पग देती साथ वह और नस नस ऊर्जावान।

पिता सी रक्षक भावों में बहे, माता सी करुणाकर,

मुझमें मेरी हिंदी सुंदर जगत रहा है पुकार।

हिंदी तुझमें दरिया और मुझमें नदी महान,

हिंदी हलचल को जन्में, हिंदी ही है विश्राम।

भले ही छोटी नदियाँ हूँ मैं पर हो रही मीठी मान,

"हिंदी स्पर्श से मिश्री घुल जाए" व्यर्थ नहीं है बखान।

बड़े बड़े कवियों की बोली, कथाकार का ज्ञान,

हिंदी सजती उनके मुख और हिंदी है परिधान।

जिस बोली में समझ भली और है भावों का सम्मान,

वह बोली कोई और नहीं, वह है हिंदी महान।

कठिन नहीं तो आम ही पढ़ लें, करें भाषा का प्रचार,

स्वभाव में पूर्वज वास करेंगे यह है मेरा विश्वास।

जो हम नहीं करें तो कौन करेगा बोली का गुणगान?

तेज हिंदी से हिंद का गौरव, मातृभाषा को कोटी प्रणाम।

मुझमें मेरी हिंदी भाषा जैसे ईश समान,
पग पग देती साथ वह और नस नस ऊर्जावान।

2. हिंदी क्या है?

मैं हिंदी को क्या लिखूँ?
जब कि हिंदी ने मुझे रच डाला है,
जब चुनौतियों ने साहस को तोड़ा
तब हिंदी ने ही मुझे सम्भाला है।

समझ से परे एक वहम था दिल में
कि मैं ज़ीरो ही हूँ अंग्रेज़ी में,
आत्मविश्वास की साँसें भी उखड़ी
मैं जब भी तौला गया हूँ तुलना में।

कभी हास्य का पात्र था मैं बन बैठा
कहीं कितनो ने हौंसला मेरा गिराया है,
मैं खुद के लिए जब बेकार हुआ
तब हिंदी ने ही मुझे उभारा है।

हिंदी मुझमें बसे एक शिशु समान
रहे पालन पोषण को आतुर वह,
मैं जब जब हिंदी में बात करूँ
अद्वितीय तरंगें मुझमें उठती हैं।

बयालीस वर्षों से मुझमें जीवित
सत्य प्रमाण एवं प्रेरक है,
जितना भी लिख लूँ पढ़ लूँ
हिंदी कोष अम्बार तो बड़ता जाता है।

हर भाषा का है सम्मान ज़रूरी
और आज़ादी की बोली का भी,
जिस बोली से व्यक्तित्व विकास हो
वह जड़ों से फूटे अंकुर भाँति।

हिंदी मेरी पहचान परम
हिंदी गुरू, पिता और माता है,
एक हिंदी के उच्चारण में
सम्पूर्ण भारत मुझे मिल जाता है।

दूर वतन से रहकर मैंने
नन्हा भारत मन में बसाया है,
जब जब उखड़ा दिल मेरा
हिंदी ने पकड़ी कलम मेरी और रचनाकार बनाया है।

मैं हिंदी को भला कया लिखूँ?
जब कि हिंदी ने मुझे रच डाला है,
सो सो बार प्रणाम करूँ
हिंदी मुझमें पूजनीय माता है।

3. अब मैं परदेस में हूँ।

पहले अपने देश की थी पर अब मैं परदेस में हूँ,

संस्कार मन में बसते हैं चाहे दूजे भेस में हूँ।

थकता नहीं कहते कोई कि अब तो मैं परदेस में हूँ।

परदेस में होना था भाग्य में लिखा,

पर देश मेरा न हृदय से गया।

जन्म भूमि की महक को अपने व्यक्तित्व पे ओढ़े रहती हूँ।

थकता नहीं कहते कोई कि अब तो मैं परदेस में हूँ।

दूर हूँ तो क्या गम है? गम क्या जीवन में कम हैं?

अपनों का एहसास तो मेरे रोम रोम में बसता है।

चाहे जितनी दूरी हो और चाहे कितने बंधन हो।

थकता नहीं कहते कोई कि अब तो मैं परदेस में हूँ।

हवा का झोंका जो ही आता माँ के अचल सा लहराता,

मानो जेसे माँ ने भेजा प्यार भरा पैग़ाम सा हो।

बह जाता दिल मेरा जेस सावन में बरखा सी हो।

थकता नहीं कहते कोई कि अब तो मैं परदेस में हूँ।

पहले अपने देश की थी पर अब मैं परदेस में हूँ,
संस्कार मन में बसते हैं चाहे दूजे भेस में हूँ।
थकता नहीं कहते कोई कि अब तो में परदेस में हूँ।

4. जय सिया राम।

भव्य भवन निर्माण हो रहा
अयोध्या धाम है न्यारा,
पावन भूमि के वंशज को
कोटी कोटी प्रणाम हमारा।

राम नाम का जाप अतुलनीय
रग रग पहुँचे अमृत धारा,
श्री राम स्मरण धर पग हैं बड़ते
संयम पाए विचलित हृदय हमारा।

श्री राम आपका मंदिर
ये पावन हृदय हमारा,
आप दूर नहीं, हो समीप सदैव
जाप जपे आत्मा बन एकतारा।

केवल भारत में नहीं रहते हैं
इनका विश्व भर में है डेरा,
जिस हृदय शिला है राम रचा
तर जाए उसका जीवन सारा।

पिता दशरथ के आज्ञाकारी राजकुमार
माँ कौशल्या के लाड़ले भोले से रामा,
भरत लखन शत्रुघ्न के भ्राता राम थे उनका स्वाभिमान
सिया के राघव बने आदर्श पति जग जाना।

हनुमंत के सीने में आसन सियाराम का
हर भक्त में राम बसे! देते आश्वासन वे सदा,
विभीषण के वर्षों के तप का फल स्नेह प्रभु राम का
संतोष की पूँजी नाम राम सर्वोत्तम बाण बना।

मर्यादा और त्याग की मूर्त
सत्य एवं सन्मार्ग की सूरत,
धैर्य तथा धर्म के प्रेरक
कर्म ज्ञान के शिक्षक ईश्वर।

सौम्य कृति रघुनन्दन जीवन
राम नाम में ज्ञान भरा,
जन्म से मृत्यु की यात्रा है लम्बी
अत: राम जाप दे मोक्ष सदा।

हो गद्गद मन अनुमान लगाए
राघव का मंदिर होगा कैसा?
वैसा ही अद्भुत हो जैसा
उस युग का मंदिर होगा।

प्रभु धाम की माटी पावन
स्पर्श, सुगंध एवं स्मृति पाने की बड़ती जाए अभिलाषा,
हम प्रवासी होते नतमस्तक है
प्रभु नमन स्वीकार करो हमारा।

भव्य भवन निर्माण हो रहा
अयोध्या धाम है न्यारा,
पावन भूमि के वंशज को
कोटी कोटी प्रणाम हमारा।

5. श्री राम भक्त हनुमान।

"मर्यादा श्री राम सी.. अर्द्धांगिनी सीया समान,
भक्ति का पावन रूप हैं... संसार में वीर हनुमान।"

श्री राम भक्त हनुमान
बल बुद्धि में विद्वान,
जन्में शक्ति अपार लिए
जिनका उन्हें नहीं था ध्यान ।
शिवा के थे वह रूद्रावतार
वायु पुत्र श्री पवन कुमार,
मात अनजनी की कोख के फूल
राम दूत कहलाए बलवान।

श्री राम भक्त हनुमान बल बुद्धि में विद्वान!

ध्यान धरा प्रभु के चरणों में
राम नाम अंकित अधरों पे,
अंतर मन में झांक के जाना
जीवन लक्ष्य बड़ा है महान।
अनंत अद्वितीय वरदान रूप
हनु की भक्ति है राम बाण,

उच्चारण कर हनुमान चालीसा
भक्तों का मन पाए विश्राम।

श्री राम भक्त हनुमान बल बुद्धि में विद्वान!

जब जामवन्त समझा रहे थे
हनुमंत को बारम्बार,
वानर रूप अवतार लिए
तुम जन्में करने राम के काज।
स्मरण करो शक्ति जो है
भीतर लीन महान,
बाल समय जो कांड किए
वह प्रताप अद्वितीय समान।

श्री राम भक्त हनुमान बल बुद्धि में विद्वान!

बैठ किनारे महासागर
न समय व्यर्थ करो बर्बाद,
उठो चलो है उचित समय
जीवन लक्ष्य रहा है पुकार।
वर्षों से सोया ज्ञान क्या जागा?
हनु का जागा आत्मविश्वास,
हृदय से राम का नाम पुकार
सागर नाप रहे भगवान।

श्री राम भक्त हनुमान बल बुद्धि में विद्वान!

शक्ति का आभास हुआ
रूप विराट महावीर धरा,
सागर लाँघ गए हनुमान।
लंका पहुँच विभीषण के घर
सुन राम नाम धुन मोहित हो गए हनुमान,
अशोक वाटिका माँ सिया को पाया
कर दर्शन आशीष भी पाया।
राम मुद्रिका सिया को सौंपी
बाग़ के मीठे फल खाए,
बाग़ उजाड़े नटखट बनकर
चूँकि वह थे चतुर और बलवान।

श्री राम भक्त हनुमान बल बुद्धि में विद्वान!

बंधक रूप में सभा को पहुँचे
रावण को चेतावनी देते,
आग लगाकर पूरी लंका को
लौटे वापस अपने धाम।
राघव को मिल शीश नवाया
माँ सीता का हाल सुनाया,
चूड़ामणि सीया की सौंप
हृदय राम का हर्षित करते हनुमान।

श्री राम भक्त हनुमान बल बुद्धि में विद्वान!

वानर सेना तैयार कराई

राम भक्ति कि शक्ति रंग लाई,

नल और नील भाइयों संग हनु ने

लंका तट पद यात्रा का ढूँढा समाधान।

पत्थर पत्थर राम लिखा

महासागर पर राम सेतु किया खड़ा,

राम के नाम की महिमा ऊँची

हर पत्थर जल ऊपर तैर रहा।

परिश्रम से सब कुछ है सम्भव

उदाहरण उत्तम देते गए हनुमान।

श्री राम भक्त हनुमान बल बुद्धि में विद्वान!

राघव को तुम भ्राता से प्यारे

लक्ष्मण प्राण तुम ही ने उबारे,

जब नहीं उम्मीद न साधन कोई

राम कृपा से तुमने शुरू किया रक्षा अभियान।

संजीवनी बूटी का पाता नहीं पर

पर्वत भुजा में उठा के लाए,

पर्वत के जैसे ही मारुति

है हृदय तुम्हारा अति महान।

श्री राम भक्त हनुमान बल बुद्धि में विद्वान!

जब खाया बाण भरत का सीने में
मुख से निकला जय श्री राम,
भाई भरत के पछतावे पर
प्रेम असीम पहुँचाते वीर बलवान।
राज्य अभिषेक राघव का देखने
चहुँओर से पहुँचे प्राणी अयोध्या धाम,
राजा राम सिया संग संगत
बीच में सेवक भोले हनुमान।

श्री राम भक्त हनुमान बल बुद्धि में विद्वान!

देख विभीषण अचरज में पड़ गए
क्यों पवनसुत प्रभु के प्रिय है?
मैंने जो माला श्री राम को सौंपी
क्यों पवन को सौंप दी वह भेंट महान?
भोले हैं बजरंगी सबके
सबमें राम सिया को ढूँढे,
दुर्लभ मोतियों वाली माला को
तोड़ के ढूँढे वह छवि सियाराम।
श्री राम भक्त हनुमान बल बुद्धि में विद्वान!

चुनौती विभीषण की जान गए
शंका को उसकी पहचान गए...
बीच सभा में चीर के सीना
साबित किया कि वहाँ हैं विराजित माँ सीता और
स्वामी राम।

श्री राम भक्त हनुमान बल बुद्धि में विद्वान!

ऐसे है श्री राम के सेवक हनुमान
भक्तों को देते वह वरदान,
प्रेरित करती मनमोहक मूर्त
गुणगान प्रभु के चित में भरते उत्तम ज्ञान।
फल समझकर जो थे रवि को झपटे
साहस संग वह तीव्रता धरते,
इस जग के स्वामी राघव है
हनु का राघव के हृदय में स्थान।

श्री राम भक्त हनुमान बल बुद्धि में विद्वान!

6. शिव शम्भु भोले भंडारी।

महादेव जय शिव शंकर

त्रिलोकीनाथ जय परमेश्वर,

सब पूजन अर्चन आपसे है

हे जगद्गुरु, हे विश्वेश्वर।

साधना में प्रभु लीन रहें

भक्तों के ध्यान में ध्यान धरें,

श्रध्दालु हैं नाथ को प्यारे

प्रभु अंतर्मन में वास करें।

शिव शम्भु भोले भंडारी

हृदय बहे प्रभु के दया सागर,

महादेव जय शिव शंकर

त्रिलोकीनाथ जय परमेश्वर।

भक्ति में शक्ति आप भरो

विश्वास भरो, मस्तिष्क बसो,

सदय बने और श्रेष्ठ बने

अनुकंपा से व्यक्तित्व धनवान करो।

है शिव भक्तों की आस्था ऊंची

प्रचंड, सुगम, सदैव अमर,

महादेव जय शिव शंकर
त्रिलोकीनाथ जय परमेश्वर।

उदारता की शिव पावन मूर्त
भोले हैं यह जाने सब जन,
सोमवार की महिमा पावन
सब मंदिर पाएँ शिवलिंग के दर्शन।
स्नान कराते, भोग लगाते
नत मस्तक आरती गाते हे महेश्वर,
महादेव जय शिव शंकर
त्रिलोकीनाथ जय परमेश्वर।

हो वंदन से उत्पन्न ऊर्जा शक्ति
मृत्युंजय पाठ की साधना ऊँची,
संकल्प बाँध जो शिव को ध्याता
संकट को हरने पहुँचे स्वयं शिव शक्ति।
शिव अर्द्धांगिनी पार्वती संग
लेते दिव्य रूप अर्धनारीश्वर
महादेव जय शिव शंकर
त्रिलोकीनाथ जय परमेश्वर।

केदारनाथ, रुद्रनाथ, कल्पेश्वर
तुंगनाथ एवं मध्यमहेश्वर,
पंच केदार का कण कण है पावन

पहुँचे दूर दूर से श्रद्धालु गण।
गगन, धरा, अमृत, वायु
और तप में वास करें सर्वलोकेश्वर।
महादेव जय शिव शंकर
त्रिलोकीनाथ जय परमेश्वर।

महा शिवरात्रि पावन है पर्व
पार्वती संग ब्याहे योगेश्वर,
वध तारकासुर करने को जन्में
पुत्र कार्तिकेय बलवान, निडर।
युगों से पावन दिवस को पूजें
शिव के भक्त हो एक ही स्वर,
महादेव जय शिव शंकर
त्रिलोकीनाथ जय परमेश्वर।

हे नील कंठ, हे गंगाधर
हे शिवाप्रिय हे गिरिशंकर,
ब्रह्माण्ड के आप ही पालन करता
कहलाओ स्वामी अनीश्वर।
अर्द्धांगिनी देवी पार्वती, पुत्र कार्तिकेय, गणपति
पुत्री अशोक सुंदरी की है कथा अमर,
महादेव जय शिव शंकर
त्रिलोकीनाथ जय परमेश्वर।

महादेव जय शिव शंकर
त्रिलोकीनाथ जय परमेश्वर,
सब पूजन अर्चन आपसे है
हे जगद्गुरु, हे विश्वेश्वर।

7. देवी हूँ मैं।

देवी हूँ मैं! बसी हूँ घर घर में
जो घर में न मिली तो दिखूँगी बाहर राह चलती हुई,
शहर, गाँव, क़स्बे, नगर, और हर जगह विराजित हूँ में
न केवल मंदिरों में ही मेरी मूर्तियाँ हैं सजी।

मंदिरों में तो आस्था भरपूर है
मैं बाहर भी शुद्ध भावों की कामना हूँ कर रही,
आराधना से पहले मेरा सम्मान तो करो
निरंतर होते अत्याचार अपमान से मैं हूँ क्रोधित बड़ी।

बरकत बढ़ेगी घर- नगर शुद्ध विचारों से
न केवल कथनी किंतु करनी में भलाई मैं हूँ देखती,
संकट समय मेरे हर रूप की रक्षा करना
मस्तिष्क में मेरा आदर सम्मान तुम जीवित रखना।

शैतानी सोच होगी नष्ट
तो बच्चियों के भरोसे की होगी जीत भी,
हाँ देवी हूँ मैं..!
हर रूप में प्रश्नावली लिए हूँ मैं खड़ी।

8. माँ दुर्गा।

माँ गँगे की धार सा उज्ज्वल
श्वेत रूप महागौरी का,
माँ दुर्गा का आठवाँ रूप
कुंद पुष्प पावन स्वरूप माँ गौरी का।

शिव शक्ति, फलदायिनी
है चंद्र मुख माँ गौरी का,
जप, तप, योग, साधना उदाहरण
करे प्रेरित व्यक्तित्व महागौरी का।

हो पूजन,अर्चन,आराधना सक्षम
जो जपे नाम माँ गौरी का,
पाप, संताप से देता मुक्ति
कल्याणकारी रूप महागौरी का।

शिव अर्द्धांगिनी है त्रिलोचन एवं चतुर्भुजी
वृषभ है वाहन माँ गौरी का,
अभय मुद्रा, त्रिशूल धारी, डमरू संग वर मुद्रा धारी
है बलशाली रूप महागौरी का।

उमा, सती, माँ पार्वती
नाम सभी हैं आपके माँ,
निष्ठा से जो आपको ध्याता
वह मन भोले का हर्षाए माँ।

दुर्गा अष्टमी भोग लगे
माता को हलवा पूरी का,
नवरात्रि में नौ दिन का
संकल्प बंधा है भक्तों का।

शैलपुत्री, ब्रह्मचारिणी
चन्द्रघंटा, माँ कूष्माण्डा,
स्कंदमाता, कात्यायनी
कालरात्रि महागौरी सिद्धिदात्री माँ।

हर रूप में देवी आप सुसज्जित
शक्ति भरपूर है देवी माँ,
नत मस्तक में शीष नवाऊँ
भर दो ऊर्जा शक्ति मुझमें माँ।

माँ गँगे की धार सा उज्ज्वल
श्वेत रूप महागौरी का,
माँ दुर्गा का आठवाँ रूप
कुंद पुष्प पावन स्वरूप माँ गौरी का।

9. श्री कृष्ण।

श्री कृष्ण की लीलाओं का वर्णन
कृष्ण कथा सुन कर तू जान,
कृष्ण न केवल मूरत में स्थापित
हर प्राणी में राधे -श्याम।

श्री कृष्ण तेरे हर बोल में जीवित
कृष्ण हैं संग गाते हर गान,
कृष्ण के मुख बासूरी है साजे
मोहक धुन सुन खिले हैं प्राण।

श्री कृष्ण का बचपन हर आंगन खेले
हर बच्चा नटखट घनश्याम,
बाल -रूप में है माता को
कृष्ण सेवा का अवसर प्रदान।

श्री कृष्ण प्रभु को सखा कहें हम
गिरधारी, गोपाल कहें,
माखन चोर वो हरे मुरारी
केशव, सुंदर श्याम कहें।

श्री कृष्ण के आगे हारी पूतना
नाग कालिया हुआ परास्त,
कंस का अंत हुआ जिन हाथों
कहलाएँ वे दीना नाथ।

श्री कृष्ण थे मित्र सुदामा के
राधे से था प्रेम महान,
मीरा के मोहन बन बेठे
दो माताओं की कान्हा एक जान।

श्री कृष्ण ने गीता के उपदेश दिए
बने सारथी अर्जुन के,
लाज बचाई पांचाली की
इतिहास रचा महाभारत से।

श्री कृष्ण जन्म के उत्सव द्वारा
बच्चों को मिले है ढेरो ज्ञान,
कृष्ण की सत्य कथाओं द्वारा
हम सीखें आदर एवं सम्मान।

श्री कृष्ण की लीलाओं का वर्णन
कृष्ण कथा सुन कर तू जान,
कृष्ण न केवल मूरत में स्थापित
हर प्राणी में राधे -श्याम।

10. बादलों से चीरती रोशनी।

ये जो मख़मली चादर से मेरे सिर को ख़ुदा तूने ढाका हैं,
छिज रही है जगह जगह से और करती मुझे आगाह है।
कि मैं हमेशा नहीं ख़ुद को सम्भाले रख पाऊँगी,
न मुझी पे तसल्ली रख की मैं छिज के बिखर जाऊँगी।

तभी बादलों को चीरती रोशनी कर रही इशारा मुझे,
सब्र रख! मैं खड़ी पीछे पर चीर के आ रही जगाने तुझे।
न उम्मीदें तेरी सोने दूँ मैं और ख़्वाहिशों को जगा दूँ मैं,
जिस ख़ुदा की इबादत में है तू...
तेरी हिफ़ाज़त को उसने है भेजा मुझे।

न समझ क़ुदरत का बस एक हाथ ही क़ाबिल होता है,
राह एक बंद हो जाए तो दरवाज़ा दूसरा वही से खुलता है।
तू सब्र और यक़ीन की दास्तान को न दफ़्न होने देना,
मख़मली चादर पे रोशनी की परत नूर-ए-ख़ुदा पे सज्दा है।

देख कहाँ कहाँ तक मैं पहुँच रही हूँ रोशनी बनके,
देख उभर रहा है सवेरा अपना सीना तन के।
समाया मुझमें पूरी दुनिया का सुकून-ऐ-मज़हब है,
कर यक़ीन की एक ही ताक़त है कायनात में हर
क़तरा बनके।

ऐ खुदा! मेने माना तू मुझमें भी कहीं बसता है,
मन में उठते सवालों के जवाब तू ही तो मुझे देता है।
हाँ ! है यक़ीन मुझे तेरी हर क़ुदरती ताक़त पे...."
उबलती सोच को मख़मली ठंडी तासीर तू ही सौंपता है,
काँपते एहसास को राहत की गरमी भी तू ही देता है।

11. मेरा भारत महान।

ऋषियों मुनियों की तप भूमि
गंगा, जमना जल का बहना,
मैं ऐसे देश की बेटी हूँ
जहां ग्रंथों से उगले सोना।

जहाँ तीर्थ, चारों धाम मिलें
संस्कारों की पहचान दिखे,
बोली भाषा में आदर सत्कार
बुजुर्गों का आशीर्वाद है गहना।

कविताएँ रस सहित भाव रचें
लेखक निपुण कई लेख लिखें,
भोर भए रागों का उठना,
संगीत का प्रार्थना बन हर मन बसना।

धूप छाँव हैं मेरे देश
बसंत, बरखा, ग्रीष्म, पतझड़, शिशिर समेत,
आतीं जातीं हैं समय से अपने
मानो सब ऋतुओं का एक ही घर होना।

खान पान भरपूर मिले
गलियों कूचों में हलवाई बैठे दिखें,
हर प्रदेश, प्रांत का अपना है स्वाद
हर स्वाद का मन मेरे बसना।

मेरी माटी मेरा गौरव है
हर पूजा स्थल मन भावन है,
दूर विदेश में बसकर भी
मन उड़ पहुँचे अपने अंगना।

मैं जब भी पहुँची भारत दर्शन को
मन चाहे मेरा यहीं बसना,
रहूँ आतुर की मैं ज्ञान बटोरूँ
खोद लूँ स्वयं में यादों का झरना।

मैं जिस भी तीर्थ स्थान गई
आकर्षण से चारों और घिरी,
भारत भूमि से जो स्नेह मिले
वह फूटे मुझमें अंकुर रूप सुंदर रचना।

ऋषियों मुनियो की तप भूमि
गंगा, जमना जल का बहना,
मैं ऐसे देश की बेटी हूँ
जहां ग्रंथों से उगले सोना।

12. हर लम्हा तुझे पुकारूँ।

हर लम्हा तुझे पुकारूँ
या ख़ुदा तू नज़र क्यों नहीं आता?

जानता हूँ तू मुझमें समाया है,
तेरा आकार मुझे समझ क्यों नहीं आता?

तेरा वजूद ज़र्रे ज़र्रे में ज़िंदा है,
क्यों मुझ बंदे को भूल करते वक़्त ये याद नहीं आता?

तेरे एहसास को साँसों में महसूस करता हूँ अकसर,
तेरा शुकराना मुझे करना नहीं आता।

किसी रोज़ ख़ुद से मुलाक़ात हो तो मैं तुझसे मिलूँ,
तेरा साया है साथ पर इत्मिनान करना क्यों मुझे नही आता?

तेरा नाम हर काम में लेता हूँ मेरे ख़ुदा,
यक़ीन है जुबान को पर ज़हन को मेरे जताना नहीं आता?

हर लम्हा तुझे पुकारूँ मैं,
या ख़ुदा तेरी रहमतों का हक़ अदा करना मुझे नहीं आता!

13. सत्य रूप नायक।

वह पहरेदार समान कभी
फ़ौजी कहीं किसान बना,
है वह उदाहरण शूरवीर
है वह सत्य रूप नायक अपना।

एक तैनात खड़ा सीमा पे वीर
दिन रात प्रहार की ढाल बना,
एक कृषि को मान कर्तव्य धर्म
करे खेतीबाड़ी को अर्पण जीवन अपना।

वह देश का रक्षक शूर वीर
प्रेरक रूप जवान बना,
वह किसान हमारा अमूल्य रत्न
वह घिसे तो माटी उगले सोना।

एक फ़ौजी और एक अन्नदाता को
विश्व सुरक्षा वरदान मिला,
हैं दो नायक आदर्श संसार बसे
जीवन इनका सबके लिए वरदान बना।

नत मस्तक हो प्रणाम हम करते
है यह जन्मसिद्ध अधिकार इनका,
आदर सम्मान और अमन शांति
इन पहरेदारों की है अभिलाषा और सपना।

14. फ़ौजी।

(Life of a soldier)

मैं वहाँ बॉर्डर पर दिन रात तैनात रहता हूँ,
ठंडी तूफ़ानी आँधियों में भी डट के खड़ा रहता हूँ।

बर्फ़बारी में सुन्न होते मेरे शरीर को,
मैं देशभक्ति की ज्वाला से गर्म रखता हूँ।

देशभक्ति का जुनून इस क़दर सवार है सर पे,
कि कड़कती गर्मी पड़े या सर्दियों के क़हर
मैं देश की सेवा में हर क्षण हाज़िर रहता हूँ।

हाँ मैं कर तो रहा हूँ आप सबकी रखवाली,
बस बदले में वतन में अमन एवं शांति ही तो चाहता हूँ।

मैं वतन का खुद्दार, वफ़ादार और ईमानदार प्रहरी हूँ,
मानवता को ध्यान में रख वतन के भीतर भी एकता
चाहता हूँ।

15. फ़ौजी की बहन।

वीर तेरी क़ुर्बानियों पे
बलिहारी तेरी बहना है,
तू करम भूमि का नायक है
तेरी वीरता ही मेरा गहना है।

माथे तेरे तिलक सजाके
आरती वंदन माता गाती,
दहीं और शक्कर तुझे खिलाते
विदा करे तेरी बहना है।

जो तेरे त्याग समझ पाए
और तेरी आँखें पढ़ पाए।
ऐसी दृष्टि कहीं नहीं..
बहना की नज़र से देख ले जग
मेरे वीर सा कोई बली नहीं।

वीर तेरी क़ुर्बानियों पे बलिहारी तेरी बहना है!

मुख पे तेज है सूर्य के भाँति
चट्टान सा तेरा सीना है,
देश भक्ति जज़्बा है दिल में
तू शौर्य वीर क्या कहना है..!

तू वर्दी की लाज का रक्षक है
हाँ वर्दी की लाज का रक्षक है,
मेरे वीर सा कोई गुणी नहीं..
बहना की नज़र से देख ले जग
मेरे वीर सा कोई बली नहीं।

वीर तेरी कुर्बानियों पे बलिहारी तेरी बहना है!

धागा धागा वर्दी का
बहनों का रक्षाबंधन है,
संकल्प को ओढ़े तन पे तू
जगत भाई बन बैठा है।

तिरंगा माँ का आँचल है
हाँ हाँ ! माँ का वह आँचल है,
तुझे माँ से प्यारा कोई नहीं...
बहना की नज़र से देख ले जग,
मेरे वीर सा कोई बली नहीं।

वीर तेरी कुर्बानियों पे बलिहारी तेरी बहना है!

गद्गद मन, हो पुलकित, हर्षित
गौरवान्वित होती हर बहना है,
जग पूछ ले मुझ पगली से तू
क्या मेरे दिल का कहना है।

इतिहास के पन्ने पन्ने है
कल, आज और कल के हर में है,
वीरों की गाथा सोई नहीं...
बहना की नज़र से देख ले जग
मेरे वीर सा कोई बली नहीं।

वीर तेरी कुर्बानियों पे बलिहारी तेरी बहना है,
तू करम भूमि का नायक है तेरी वीरता ही मेरा गहना है.."

16. ऐ मेरे आज़ाद वतन।

ऐ मेरे आज़ाद वतन
कितना भरा फूला तू है,
वीरों की कुर्बानियों की
जीती जागती मिसाल है।

पास तेरे है स्वतंत्रता
और साथ कई अविष्कार हैं,
शून्य को तूने जन्म दिया
हर भाषा में शिष्टाचार है।

संस्कृति को जोड़े रखें जो
प्रथाओं से तू धनवान है,
ऐ मेरे आज़ाद वतन
कितना भरा फूला तू है।

जय जवान जय किसान
नारों में बल और भाव हैं,
शक्ति और भक्ति की सूरत
सारे तीर्थ स्थान है।

ग्रंथ वेद पुराण अतुल हैं
भगवद्‌गीता ज्ञान है,
मानव रूप में तारने पहुँचे,
राम कृष्ण भगवान हैं।

ऐ मेरे आज़ाद वतन..
कितना भरा फूला तू है।

मुकुट हिमालय,हृदय में गंगा
ब्रह्मपुत्र और सिंधु नदी वरदान हैं
माँ नर्मदा, माँ कावेरी
महानदी व् आदि महान हैं।

विविधताओं में एकता का
उत्तम उदाहरण भारतीयता है,
मज़हब धर्म से बड़के दिलों में
देशभक्ति जज़्बा पलता है।

ऐ मेरे आज़ाद वतन..
कितना भरा फूला तू है।

लौह पुरुष वल्लभ भाई थे
बापू अहिंसा संस्थापक थे,
क्रांति की लहरों को उठाने
शहीद भगत सिंह जन्में थे।

चंद्रशेखर आज़ाद सहित तब
राज गुरू, सुखदेव भी थे,
बलिदानी, निडर सेनानी सब
भारत इतिहास के रक्षक हैं।

ऐ मेरे आज़ाद वतन..
कितना भरा फूला तू है।

माताओं का त्याग अटल है
बहनों का विश्वास खरा है,
पत्नी अर्द्धांगिनी बनी जहाँ
पति पाए वरदान है।

पिता के रूप में ईश्वर बसते
जिनका हृदय बलवान है,
बालक का पहला शिक्षा घर
पारम्परिक परिवार है।

ऐ मेरे आज़ाद वतन..
कितना भरा फूला तू है।

वीरगति को प्राप्त होते
भारत माँ के लाल है,
गाढ़ तिरंगा विजय वह पाते
शेरों की ऊँची दहाड़ है।

उन से प्रेरित नव पीढ़ी में
जागे ज़िम्मेदारी है,
देश भक्ति की लौ जब जगती
हर ओर उठती चिंगारी है।

ऐ मेरे आज़ाद वतन..
कितना भरा फूला तू है।

वीर जहाँ हर दिशा खड़े हैं
बहने जहाँ तैनात खड़ी हैं,
रक्षण हेतु सबने मिलके
चहुँओर से कढ़ी रची है।

भारत की सुंदर बगिया को
महकाते माली अपने हैं,
हमें भी नियम पालन करने की
ज़िम्मेदारी निभानी है।

ऐ मेरे आज़ाद वतन..
कितना भरा फूला तू है।

दोहरानी है कथाएँ सारी
जागरूकता फैलानी है,
आज की और कल की पीढ़ी को
सारी पीढ़ा सुनानी है।

आज़ादी का महत्व समझे
अपने चमन में अमन ही महके,
भारत माँ का दामन दमके
अन्नपूर्णा, अविनाशी जीएँ।

ऐ मेरे आज़ाद वतन,
कितना भरा फूला तू है।
वीरों की कुर्बानियों की,
जीती जागती मिसाल है।

17. आज़ादी का जश्न मना।

अपना वतन अपनी ज़मीन

गगन के संग सूरज वहीं,

हाथ थामे हर दिशा

कह रही तू आगे आ।

मिल के अपनों के गले

आज़ादी का यहाँ जश्न मना।

फिर से पतंगे तू उड़ा

गगन में इन्द्रधनुष बना,

खाली न कोई छोर हो

हर ओर रंग ही रंग हो।

मिल के अपनों के गले

आज़ादी का यहाँ जश्न मना।

भाई बहन मित्र बना

एक हैं हम ये गान गा,

कर कभी तो एसा कुछ

अपने वतन के काम आ।

मिल के अपनों के गले
आज़ादी का यहाँ जशन मना।

जहाँ बेटियाँ गौरव बने
बेटे हो रक्षक राम से,
ऐसी प्रथा को आजा मिलकर
दीप सा जागरित करे।
ले मशाल हाथो में और तू
आज़ादी का यहाँ जशन मना।

परिभाषा इसकी है महान
व्यर्थ न अभिमान कर,
कुर्बानियों की ही बदौलत
मिला हमें सुंदर जहान।

करके नमन उन वीरो को
आज़ादी का यहाँ जशन मना।

फूलो सा महके अपना वतन
हर जीव भी महफ़ूज़ हो,
शुद्ध रखना सोच को
वातावरण भी शुद्ध हो।

स्वच्छता अभियान से जुड़ और
आज़ादी का यहाँ जश्न मना।

सोच को आजाद कर
पर खुद को न बेकार कर,
आज़ादी के तू नाम पे
न उल्टे सीधे काम कर।

बस येही सन्देश मेरा
है मेरे जहान को,
मिल के अपनों के गले
आज़ादी का यहाँ जश्न मना।

18. पटका धागा-रक्षाबंधन।

रेशम का नन्हा डिंभक विशेष रूप से पलता है,
शहतूत के पत्ते खाकर रेशम कीट पनपता है।
सही समय आने पे कोकून रूप वह धारण कर,
सब्र से बुनता रेशम वह, बुन बुन के नहीं थकता है।

रेशम की तार को चरख़े पर कारीगर बटोरता चलता है,
कोमल रेशमी धागा फिर उपयोग के लायक बनता है।
रंग बिरंगी रेशमी डोर फिर पटका धागा कहलाती है,
रक्षाबंधन के अवसर पर हर बहना को ललचाती है।

रेशम कीट के डिंभक जैसे भाव मेरे भी पलते हैं,
बचपन की यादों को पाकर भूख को अपनी खोते हैं।
उचित समय आते ही कोकून के जैसा दिल बन जाता है,
हर धड़कन बुनती है रेशम.. वह तार जो भाई से जुड़ता है।

रेशमी यादें, रेशमी बातें, प्रेम भी रेशम जैसा है,
अटूट है बंधन हो जब भी दर्शन प्रेम तो कम नही करना है।
कभी बनाऊँ कभी पिरोऊँ कभी सजाऊँ राखी मैं,
अब की बार दुकान से लाई पर इसमें मेरा स्नेह भरा है

नीचे सूत और ऊपर रेशम गोटा लिपटे ज़री सजी है,
हस्तशिल्पी के हुनर को छूकर राखी की डोर उभरती है।
कच्चे धागों के गुच्छों में वह प्रतिभा अपनी बोता है,
चुन चुन कर अंगिनत तरह की राखियाँ ला पिरोता है।

भेज रही हूँ दूर देश से हल्की-फुल्की राखी है,
एक एक धागा बहुत खरा है, अमूल्य प्रेम की डोरी है,
पहन इसे इतराके कहना बहना ने स्पर्श अपना भेजा है,
क़मीज़ की बाज़ू चढ़ा के रखना तुझपे वारी जाए तेरी
बहना है।

ये बंधन अटूट है भाई नींव भी बेहद गहरी है,
रेशम के उत्पादन से लेकर हृदय को छूती एक डोरी है।
सब बदला है सब बदलेगा पर हमको पहले सा रहना है,
अपने रिश्ते की ताक़त को विश्वास से सींचते रहना है।

रेशम का नन्हा डिंभक विशेष रूप से पलता है,
शहतूत ते पत्ते खाकर रेशम कीट पनपता है।

19. दिवाली पर्व

दिवाली, दीपावली, शुभ यादों की जगमगाती लड़ी,
घर घर प्रेम उपहार बरसाती स्वादिष्ट मिष्ठान की झड़ी।
त्योहार जिस से जुड़ी हैं बचपन की अनगिनत झलकियाँ,
दीपों की शृंखला लिए है जो रिवाजों की सुनहरी कड़ी।

आज की दिवाली और बचपन की दीपावली,
दोनों में हैं समानताएँ और हैं नूतन दौर के बदलाव सभी।
उत्सव कल भी थे, त्योहार आज भी हैं,
जीवित हैं इसी बहाने भीतर सुख बाँटने की आशाएँ कई।

मेल जोल, सेवा भाव, प्रार्थना एवं शुभकामनाओं के माध्यम से,
इनसानियत को जन्म देती है त्यौहारों में उमंगें भरी।
साथ में जब उठती है तरंगें मेहनत को समर्थन देने को,
सुनाई देते हैं तब शुभ दीपावली के बधाई गीत भी।

यूँ तो थोड़ा ही पसंद है मुझे आज का बदला हुआ दौर,
बदलाव हैं, ज़रूरत से ज़्यादा विकल्प हैं...
और हैं जीवन में उपलब्धियों की आसानी।

सब कुछ नया है, चमक-धमक और दिखावट से भरा
है ये दौर,
मानो पुराने रीति रिवाजों पे आधुनिक तरीक़ों की हैं
परतें चढ़ी।

घर बैठे एक ही क्षण सब ओर पहुँच जाते हैं दीवाली संदेश,
वट्सऐप, फ़ेसबुक, इन्सटाग्राम जैसे वरदानों की है
सहूलियतें बड़ी।
इंटरनेट ने काम कर दिये हैं आसान और दुकानें खुल गई
हैं घर घर,
होम डिलीवरीज़ ने भी नष्ट होते समय का सदुपयोग
करने हेतु
सुविधाएँ सौंपी हैं अनेकों नई।

तौर तरीक़े काफ़ी हैं बदले,
किंतु आज भी भीतर घर करती है बचपन की दिवाली।
कितनी उत्सुकता थी रहती मेहमानों की राहें तकने में,
चाहे आज जैसी न थी तब लेन देन और ख़रीदारी।

थोड़े से पटाखों में ख़ुश हो जाते थे,
माटी के दीये लगाने में माँ के साथ जुट जाते बच्चे सभी।
चार, छह या आठ खानों वाले ड्राई फ़्रूट के डब्बों का अम्बार,
चाकलेट, टॉफ़ी और खर्ची से भर जाती अपनी जेबें सारी।

महँगे डिज़ाइनर नहीं पर नए वस्त्र,
लम्बी प्रतीक्षा के बाद..
मनपसंद उपहार मिलने की उत्सुकता थी हम सबने पाली।
दिवाली में भव्य समारोह तो नहीं देखे उस घड़ी मैंने,
किंतु पापा को बोनस मिलता..
तो हम सबकी आवश्यकताएँ पूरी होती जाती।

मेरी दिवाली मेरे गाँव की ख़ुशबू में बसी मिलती है,
नानी घर के लालटेन की मध्यम रोशनी से..
दिखती थी संतुष्ट चेहरों की मुस्कुराहटें सारी।
शहर से गाँव तक के फ़ासले थे लम्बे, तो दिन भी खूब लम्बे
होते थे,
ट्यूबवेल के भीतर हर दिन होली का लगता था..
और कच्चे आँगन में बैठ चूल्हे में पका ताज़ा भोजन खाते
रात दीवाली।

सम्पर्क के साधन माना आज बहुत हैं,
चलो मिलना न सही, किंतु दूर से शुभकामनाएँ भेजना भी
अब कठिन नहीं।
हर बार दूर से ही दिवाली के उपहार भेज मन को मना लेना,
इस दौर के विकल्प को अपनाने में ही हैं अब समझदारी।

समय के साथ सब कुछ सोच में सज चुका है,
त्योहारों में अक्सर खोल लेती हूँ में भीतर यादों की पिटारी।
आज भी मन उस बचपन को जीता है,
ओढ़ लेता है आज का चोला, सजा कर बचपन वाली पूजा
की थाली।

दिवाली, दीपावली, शुभ यादों की जगमगाती लड़ी,
घर घर प्रेम उपहार बरसाती स्वादिष्ट मिष्ठान की झड़ी।

20. होली पर्व

लाल हरा नीला पीला
हो श्वेत या रंग काला,
सृष्टि के हर अंग को दर्शाता
कुदरत के रंगो का मेला।
हर रंग से पहचान जुड़ी है
कुछ मेरी कुछ तेरी भी,
महत्व है हर पहलू का जैसे
हर रंग बना है वैसे ही।

लाल है जैसे सुर्ख़ गहरा
संग है इसके अर्थ महान,
एक और यह क्रांति है रंग
दूजा रूप है आशीर्वाद।
लाल है पवन लाल है शुद्ध
रंग लाल से बना गुलाल,
क्रोध की ज्वाला जो फूटें
तो हो जाता है चेहरा लाल।

हरा रंग है सृष्टि पर छाया
वन उपवन का रूप लिए।

हरे राम हैं हरे कृष्ण भी
हरे रंग से प्रेम मिले।
जो हरा रंग ईर्षा का सूचक
तो हरा ही जग में बड़ा करे,
हरियाली और हर उत्सव में
हरा रंग है ख़ूब सजे।

नीला गगन नीला है जल
और नीला मेरा स्वभाव है,
भावों की लय हो ऊँची नीची
जेसे कि जल की ताल है।
नीले ही रंग से प्राप्त अर्थ
निराश एवं मन उदास है,
नीले गगन को देख जन्में
जोश जो प्रेरणा की उड़ान है।

पीला है सोना जो है सुनहरा
पीली है सरसों खेत में,
भय से छीला पड़ जाये चेहरा
हल्दी से हाथ पीले हुए।
माटी पीली पूजनीय है
जिसकी बदौलत छत्त मिले और फल फूल खिलें,
बसंत पंचमी के अवसर पर
पीले वस्त्र सभी पे ख़ूब सजे।

श्वेत स्वच्छ और श्रेष्ठ है सब में
उज्जवल है जैसे किरणों की धार,
माँ सरस्वती का ज्ञान प्रदान उसे है
दूध धुला मन जिसका साफ़।
बर्फ़ीली वादियों के ऊपर
श्वेत-श्वेत बादल का छाना,
कुदरत की सुंदरता का
आंखों के रस्ते मन बस जाना।

काला है सब रंगो का मिश्रण
क्रोध भय को सहयोग भी दे,
है प्रतीक अंधकार का
नेत्रहीन का कल्पना जगत है यह।
कान्हा थे काले पर थे मोहक
आकर्षित करते थे अपनी ओर,
काला टीका नज़र का बट्टू
हर माँ समझे है मेरे ये बोल।

सब रंगो का साथ मिला
और जीवन ये रंगीन बना।
अंत समय भी आया तो
रंगो का संग संग है चला।
हर रंग से पहचान जुड़ी है

कुछ मेरी कुछ तेरी भी,
महत्व है हर पहलू का जैसे
हर रंग बना है वैसे ही।

सप्तम खंड - नारी शक्ति।

चमक धमक शृंगार सहित नारी तेरे हैं रूप अनंत,

तू कहीं धरा सी नरम हुई कहीं ताप से तेरे पहुँचे तरंग।

तू नभ सी खुली आकृति सुलभ तू जल सी शीतल नदी तरल,

तू आधुनिक..तू वर्तमान तुझ से भविष्य हो उत्तमतर।

I'm a dreamer, I'm a believer.

Breathing in my zone,

I am a silent screamer..."

1. नारी! कोई तुलना नहीं तुम्हारी।

चेहरा शांत है किंतु सोच नहीं,

निरंतर तैरती, ग़ोते खाती भावनाओं को कैसे भीतर समाए
रखती हो?

तुम बेहद सुंदर दिखती हो,

कैसे वजूद अपना दुनिया की भयंकर भीड़ में सम्भालें
रखती हो?

एक ओर गृहणी हो,

दूसरी ओर पग अपना घर से बाहर रख..

उज्ज्वल समाज की ज़िम्मेदारी काँधे पे ढोए बड़ती
चलती हो।

घड़ी की सुइयों पे चलती चाल है,

भाग भाग कर न जाने कितनी बार

थकती, उखड़ती और फिर सँवरती हो।

सबक जीवन से लिए पाठ बच्चों को पढ़ा रही हो,

तालीम का ख़ज़ाना बाँट भविष्य उज्ज्वल बना रही हो।

शिक्षिका के रूप में परचम ज्ञान का लहरा रही हो,

परिवार की रोशनी बन घर का कोना कोना जगमगा रही हो।

तड़के तड़के चाय बनाते पूरी दिनचर्या रटती हो,
स्कूल में विद्यार्थियों में बँटती हो फिर बची शाम परिवार
संग बाँटती हो।
सच में! तुम एक ओर ज्ञान की देवी,
और दूसरी तरफ़ गृहलक्ष्मी लगती हो।

न दिन, न रात और न ही बीच का समय स्वयं के लिए
ख़ाली रख पा रही हो,
बचे फ़ुरसत के ख़ास पलों से भी सबका जीवन भर रही हो।
चिकित्सक जगत में मरीज़ों की ज़ुबान पे रहता एक अनमोल
नाम हो तुम,
जो उठे दाँत का दर्द किसी क्षण तो उन्हें तुम ही याद
आ रही हो।

बिटिया की मुस्कान में, पति के स्वाभिमान में दमकती हो,
मायके, ससुराल.. हर रिश्ते नाते का ख़्याल रखती हो।
सच में! तुम सेवा भाव लिए जन्मी हो,
शक्ति रूप में उदारता के बीज बोती चलती हो।

प्रोफ़ेशन और पैशन में संतुलन बनाए प्रेरणा हर बार दे
रही हो,
युवा पीढ़ी को उनके ही अंदाज़ में अपने हुनर से अवगत
करा रही हो।
उत्तम स्वास्थ्य के मायने समझाते

योगा, जुम्बा, नाट्य, संगीत आदि की निरंतर चल रहीं
कक्षाएँ हैं,
सुंदर चित्रकारी में गहरे, सुनहरे भाव भर
जगत में कमल कला का महका रही हो।
मस्तमौला सी लगती हो,
कैसे शांत लहरों का समंदर भीतर समाए रहती हो?

मीठे झरने का शोर, उसकी मिठास और झनकार हो,
स्वयं के सपने पूरे करती अनेकों महिलाओं की आवाज़ हो।
घर रहकर व्यापार एवं परिवार दोनों को सम्भालना,
आसान नहीं है कार्य, पर तुम निपुण हर बार हो रही हो।
तुम निष्ठा का मधुर संगीत हो,
सकारात्मकता को जन्म देता एक प्रार्थना गीत हो।

तुम ही अन्नपूर्णा, तुम ही आदिशक्ति।
तुम हो भक्ति राग, तुम कला आकृति।

तुम ही बेमिसाल, तुम ही लाजवाब।
तुम हो कमाल, करती हो धमाल।

तुम में दया अपार, भावों का है भंडार।
तुम हो आकर्षण बाण, प्रेरणा और समाधान।

तुम से संगीत उठे तो, तुम से ही सरगम झूमें।
तुम से ही नींव है जीवन में, तुम से वृद्धि है जन्में।

तुम से है ममता जीवित, तुम से हर प्रयास है संभव।
तुम हो आधार हमारा, बसी बन हम सब में गौरव।

कला के राग उठे तुम में, शायरी जज़्बात पले तुम में।
तुम बेटियों में मिसाल हो, हर युवती के सपने है तुम में।

दिल से आभार तुम्हें है, मेरा पूरा साथ तुम्हें है।
जिस गति से तुम बड़ती चलती हो, ऊर्जा एवं योगदान
तुम्हें है।

नारी! कोई तुलना नहीं तुम्हारी.. बारम्बार सलाम तुम्हें है।

2. मेरे मुख्य अंग।

(चित्र के लिए गूगल को आभार।)

अब स्तब्ध न हो जाना मेरी यह दशा देख कर,
मैंने घिनौनी मानसिकता को एक रूप दे दिया है।

अब पहले सी आँख न उठाना मुझे देख कर,
हाँ सब मुख्य अंगों को मैंने अपने से दूर कर दिया है।

हवस को ध्वस्त करने का एक अंतिम प्रयास बचा था,
मैंने अपने वजूद से काटकर अपना अस्तित्व अलग किया है।

क्या यही है पहचान मेरी?
कि एक खिलना हूँ खिलवाड़ के लिए।

क्या जीता जागता यंत्र हूँ मैं?
और बना उपभोग का साधन हूँ मैं।

लालसा को तुम्हारी मिटाना असंभव हो चला था,
मैंने स्वयं को तुम्हारा शिकार बनना नामंज़ूर किया है।

सहना मुझे ही था कल भी और आज भी,
तुम्हें क्या कभी मेरी पीड़ा का भान हुआ है?

यह प्रश्न है मेरा उन सब के लिए जो मनुष्यत्व पे कलंक
भाँति गढ़ें हैं,
सम्मान, लज्जा, रक्षण, दया एवं मानवता के विरुद्ध खड़े हैं।

आज यह चित्र देख कर हृदय तड़प उठा,
आत्मा अगर मेरी झिंझोड़ दी इसने
तो आशा है बाक़ि भी नींद से जगे हैं।

बच्चियों की सोच पर दहशत की गहरी चोटें जब पनपे,
तब एक चित्रकार के भीतर से हर प्रकार के डर
कलात्मक रूप लेकर निकलते हैं।

समय भयंकर रूप लेकर हर कोने खड़ा ताक रहा है आज,
पश्चाताप करने का अवसर भी न देगा वह
सैंकड़ों हाथ उसके काल रूप धारण कर चुके हैं।

मानवता को वापिस जन्म लेना होगा,
ईश्वर की हर रचना की प्रतिष्ठा हम सब की ही
ज़िम्मेदारी है।

किसी का भी हृदय कमज़ोर न पड़े कड़ी परिस्थितियों में,
युवा पीढ़ी में एक दूसरे का भरोसा बनने की चिंगारी हमें ही
फूँकनी है।

उदाहरण वर्णन कर रहे हैं!
कि कहाँ कहाँ हैं खोट ओछे व्यक्तित्व के अंदर,
फिर क्यों हमने भावनाओं को बस एक चित्र का नाम दे
दिया है?

अब स्तब्ध न हो जाना मेरी यह दशा देख कर,
मैंने घिनौनी मानसिकता को एक रूप दे दिया है।

3. मैं कौन हूँ?

दिव्य हूँ, अद्वितीय हूँ, मैं विशाल हूँ,
सृष्टि में उपज रहा मैं वो विकास हूँ।

सौंदर्य का प्रतीक हूँ, मैं ही प्रकाश हूँ,
रात्रि में उत्पन्न हुआ शीतल चंद्रमा का गान हूँ।

विशुद्ध हूँ, समस्त हूँ, सम्पूर्ण ज्ञान हूँ,
मृदु विनीत प्रेम का मैं उच्च मार्ग हूँ।

मैं नील दुर्गा रूप हूँ, हरे में हरि का प्रेम हूँ,
श्वेत में हूँ तप गोरा का, मैं ही साँझ सौम्य रूप हूँ।

मुझमें समाया ब्रह्माण्ड है, मैं धर्म का सम्मान हूँ,
बस सम्मान ही मैं चाहती हूँ, मैं माँ हूँ महान हूँ।

दिव्य हूँ, अद्वितीय हूँ, मैं विशाल हूँ..."

4. आदिवासी सौंदर्य

हदें तोड़ती सादगी
और मुसकान तेरा शृंगार,
तन में जितन भी ज़ोर हो
मन में कठोर है आस।

तू सभ्य है, तो कोमल भी
लगे मुझे तू तेज़ कटार,
बिन लाली, काजल, टीके के
ढाती तू क़हर कमाल।

धारा है संस्कृति की
बल तुझमें पनपे आप,
नव युग एक चुनौती है
और आकार तेरा एक छाप।

छाप दिखाती अपना भारत
जो आम नहीं है आज,
नारी तेरी शक्ति बोले
चेहरे की झुर्रियाँ साफ़।

देती जा प्रमाण के शोले
तू चलचित्र छवि समान,
आभूषण जो भारी से हैं दिखते
हैं ये ही तेरी पहचान।

जातीय जनजाति कहलाती
इतिहास मे फूँकें जान,
व्यक्तित्व पे तेरे झलक रही
उस प्रथा को मेरा सलाम।

5. मेरे मन की बात है सबके मन की बात।

(नारी शक्ति की गुहार)

नींव हो मज़बूत तो सदियों इमारतें भी टिकें,
उत्तम रहे प्रयास तो परिणाम भी दिखें।
आज के मानस करो इतनी तो कोशिशें,
आने वाली दुनिया में अमन की रोशनी उगे।

भरोसे का दम घोटता समाज देखता,
नारी को नारी सचेत करती और वह हर नारी को तोड़ता।
हर आवाज़ गूँजे कानों में पर सुनाई कुछ न दे,
मानो जैसे फट रही है कानों की सब नसे।

मासूमियत एवं प्रेम बच्चों से ही जिये,
बदले की भूखी दुनिया में बचपन कैसे भय बिना रहे?
न धर्म न है जात बचपन, है विश्वास की जुबान बचपन,
है भगवान रूप यह।
और काश अंतरयामी भी बन सके!

न एहसास धोखे का, न पहचान खोजते,
हँसते हुए हर चेहरे को अपना दोस्त बोलते।
हो जाए तब तक देर जब हैवानियत दिखे,
काया से लेकर हृदय तक उनके घाव खौलते।

क्या करे समाज का..? चिंतित हो हम उपचार पूछते,
दीमक लगी दीवारों जैसे है दुनिया के फ़ैसले।
क़ानून है जहान में पर जल्लाद खुले हैं घूमते,
माँ बहन और बालकों की बस जान पर बने।

वर्तमान भविष्य का है लेख लिख रहा,
यूँ ही चलेगा सब तो बचपन डर में ही पलेगा।
सोचो लगेगा कैसा जब बाहर न बच्चे न नारी कोई दिखे?
रूक जायेगी दुनिया जो घर मे बंद सब घुटके जीने लगें।

रोज़ रोज़ ख़बरें करे भेजे को तार- तार,
कर रहें हम दिनचर्या फिर भी है न ये कमाल!
दुखता है मन क्योंकि है इन्सान हम,
पर इंसानियत को धर्म की खाल में हम देखते।

जा रहे शुद्ध पानी से हम और प्रदूषण से हम हैं घिर रहे,
सृष्टि के प्रकोप से कब और कैसे कोई बचे?
उस पर ये मानव बना जो दानव ख़ुद के अंत से न डरे,
काश की अब सख्तियों का दौर चल पढ़े।

नींव हो मज़बूत तो सदियों इमारते भी टिकें,
उत्तम रहे प्रयास तो परिणाम भी दिखें।

6. हर दिन नारी है।

शक्ति को नारी रूप दिया और अद्भुत रचना रच डाली,
ईश्वर ने सृष्टि को सौंपी सौंदर्य रूप की हरियाली।

चंद नही अनंत स्वरों में करम,धर्म एवं ज्ञान रगो में,
हर क्षेत्र प्रेरणा परचंम बन लहराएँ नारी शक्ति बलिदानी।

राग अलापे कण कण इसका, व्यर्थ न जाए सृजनात्मकता,
स्वयं जन्मी है जग के अंदर जन्म इन्सान को सौंप रही।

चंदन लैप का स्पर्श है नारी, ममता अटूट है हृदय भरी,
कहीं प्रेम से सींचे जीवन तो कभी त्याग की देवी बन आई।

हर कोना दुनिया का देखो तुम, उन्नती एवं उपलब्धियाँ नापो तुम,
नारी शक्ति बिना ऐ बालक व्यर्थ है कल्पना वृद्धि की।

भावुक है कमजोर नहीं, न डर बीजों हर नारी में,
काँप उठे थर थर हर दानव जब नारी चंडी रूप बनी।

हर दौर नारी शक्ति का संगम, इतिहास गवाह है भविष्य
हो उत्तम,
एक नहीं हर दिन है नारी का, शोभा जग की है ये स्वामिनी।

शक्ति को नारि रूप दिया और अद्भुत रचना रच डाली,
ईश्वर ने सृष्टि को सौंपी सौंदर्य रूप की हरियाली।

7. शक्ति को शक्ति का साथ चाहिए।

एक शक्ति को शक्ति का हाथ चाहिए, साथ चाहिए,
दुगुनी होती ताक़तों में संवरते संसार का वजूद चाहिए।
जहाँ आज़ादी भी साँसें भरे और कमज़ोर न कोई दिखे,
विश्व रक्षा एवं कल्याण हेतु नारी को नारी का साथ चाहिए।

रात में बत्तियों पे ही बस निर्भरता क्यों रहे?
क्यों गली सुनसान हो तो ख़तरा मंडराता महसूस होने लगे?
जन्में थे इन्सान रूप और वो हैवान कब बने?
हैवानियत मिटा सके एसी इनसानियत का बल चाहिए।
हर घर पुरुष को नारी सम्मान सिखाना चाहिए,
नारी को नारी का साथ चाहिए..”

पढ़त-लिखत, खेल कूद
तकनीकी,चिकित्सा एवं कला के अनेक रूप,
जीत के झंडे गाढ़े जो हर मैदान
माता पिता के उस कमल को खुले माहौल में खिलना चाहिए।
जो संवार दे भविष्य स्वयं का तो होता नाम रोशन देश का,
दें हौंसला कर आवाज़ एक कि नारी को नारी का साथ चाहिए।

क्यों ताक़तें उभरे शैतान की नारीशक्ति का बल तोड़ के?
भीड़ से बेख़ौफ़ होते हैं अपराधी तब ही पनपते और बड़ते
हैं हादसे,
जब धरा पे पैर रख शक्ति चल रही कहीं
तब भरोसे की एक उमंग और होनी चाहिए।
घबराओ नहीं हम साथ हैं!
बुलन्द आवाज़ संग नारी को नारी का साथ चाहिए।

बनती बिगड़ती ज़िंदगी में बने वह एक दूजे की आवाज़,
हारे हौंसला एक का तो भर दे उसमें वह अपना
आत्मविश्वास।
क्योंकि हर नारी ख़ास हैं! फ़र्क़ की दीवार अब तो
गिरनी चाहिए,
एकता में बल हैं इसलिए नारी को नारी का साथ चाहिए।

शत नमन जननी तुम्हें, तुम शक्ति हो अपार,
देती जन्म हर शक्ति (बेटी) को और बेटे भी तुम्हीं से होते
हैं आबाद।
नारी की निष्ठा और प्रयास के आगे सर सबको
झुकाना चाहिए,
हर माथे सजे ताज एवं रक्षा हेतु नारी को नारी का
साथ चाहिए।

8. जीवन संगिनी।

संगिनी वह है जो जीवन लिख दे अपने साथी के नाम,
निर्भरता से नहीं समर्थन सहित करती है सब काम।

संग संगिनी हो तो सौभाग्य पूर्ण जीवन है प्रेमी का,
अपने हाथो से संवारे एवं सँजोए हर सपना अपने
सिरताज का।
संगिनी वह है जो करे अर्पण अपना हर क्षण अपने रिश्ते पर,
स्वतंत्र साँसों में भरती है जो अपने पिया का नाम।

रंग संगिनी ने अनेकों भरे हैं हर चित्र में,
बेटी, बहन, माँ और भाभी बनी पीढ़ी दर पीढ़ी वह।
संगिनी वह है जो घर आँगन को चित में धर बाहर पग
रखती है,
पूरे परिवार को सम्भाले प्रार्थना में है उसका धयान।

जंग संगिनी कर बैठे जो डाले कोई बुरी नज़रों का पहरा,
स्वामिनी बन रक्षा की ढाल से सख़्त कर लेती है वह
अपनी काया।
संगिनी वह है जो राम की राह तकती थी,
देती रही चेतावनी रावण को कि तेरे करम पहुँचाएँगे तुझे
अंतिम धाम।

दंग कर देती है हर संगिनी की अदा मुझको,
पिता का आँगन त्याग जो पिया का दामन थाम आती है।
संगिनी अर्धांगिनी का रूप है जो जी-जान से साथी को
अपनाती है,
कोमल बचपन सीने में दबाए सियानी बन हर अनुभव से ले
वह ज्ञान।

हृदय की गहराइयों से हर संगिनी को है शत शत प्रणाम,
हर परिस्थिति में साथ खड़े रह कर दिया अपने होने
को प्रमाण।
संगिनी डटी है वहाँ जहाँ सब रिश्ते ढीले पड़ जाएँ,
जवान त्वचा से बूढ़ी चमड़ी होने तक..
पति के घर को स्वर्ग बनाते न थकते उसके अरमान।

मेरे मन की प्रिय एवं प्रेरणात्मक है संगिनी,
हर हरकत से अपनी आकर्षित मुझे वह करती जाए।
संगिनी बनी है आशा किरण जो प्रेरक प्रकाश बन
बड़ती जाए,
नक़्शे क़दम पे हूँ मैं भी चलती, अभ्यास हूँ करती कि पहुँच
सकूँ उस मुक़ाम।

संगिनी वह है जो जीवन लिख दे अपने साथी के नाम,
निर्भरता से नहीं समर्थन सहित करती है सब काम।

9. नारी है नारी के साथ।

सौंदर्य रूप तेरा नारी
दर्शाए एक एक भाव,
नाज़ुक तन के ज़िम्मे
लादे हैं कितने काज।

प्रत्येक व्यक्तित्व है कहता
है नारी से नारी का साथ,
मिल जुल कर ढोती चलें
आपस में सबके भार।

है सबकी पीढ़ा अलग अलग
नैनों मे गहरे राग,
भीतर अपने हलचल छोड़
भरे सखी के दिखते घाव।

जो मिलकर उठते सबके हाथ
हर हुनर का हो विस्तार,
है प्रतिभा कुदरत ने सौंपी
सोना निखरे सहकर ताप।

विभिन्नता में है एकता
है मान लो गहरी बात,
इतिहास को गढ़ने में है सक्षम
एक जुट होकर उठते हाथ।

अद्वितीय, अमूल्य, अतुलनीय
है नारी शक्ति अपरम्पार,
जिस भी रूप में मिल जाती
प्रेरित करती है हर बार।

सौंदर्य रूप तेरा नारी
दर्शाए एक एक भाव।

10. स्वामिनी।

क़ाबलियत पर मोहर न लगी तो वह असफल कहलाई,
हुनर अनंत की स्वामिनी विकल रूप धर आई।

क्योंकि ख़ुद को साबित करना दुनिया ने रीत रचाई,
चुपचाप ही अपने भीतर उसने ज्वाला अपनी जगाई।

उसे नाज़ है वह ख़ास है एवं गुणों का धन भी पास है,
न भी माने कोई तो क्या? है साधना मन से लगाई।

प्रेरित है प्रकृति से, जुड़ती है वह सत्य से,
न भाए उसे जग के झूठ वह मस्त मगन हो ख़ुद में समाई।

रग रग रक्त में कला बहे और हृदय में उत्पन्न भाव कहें,
तू मणि रत्न ले फिरती है फिर क्या जग में ढूँढने आई?

जो सदैव है तुझमें वह साथी है बकि हैं सब अल्पकालिक,
इच्छाशक्ति लौ ओजस्वी रहेगी भले मोहर न लग पाई।

ब्रह्मांड तेरा समुद्र है तुझमें, तू तैर के तर कर आई,
तार रहा है जग का जीवन तेरा तन मन और परछाई।

क़ाबलियत पर मोहर न लगी तो वह असफल कहलाई,
हुनर अनंत की स्वामिनी विकल रूप धर आई।

11. नारी तेरा शृंगार।

नारी तेरा शृंगार है औषधी मूल भंडार,
साज सजावट स्वयं में है ऊर्जा शक्ति वरदान।

तू रज रज अपना ध्यान कर चित सकारात्मक भर लें ज्ञान,
तुझमें निर्मित सौदर्य है रक्त वर्धन समाधान।

बिखरे केश आकर्षण हैं करे इंद्रजाल सा काम,
माथे गोल बिंदु जैसे मत्स्य नैन.. साधे अर्जुन तीर कमान।

नैन कटारी तीखे से काजल को देते हैं मान,
गुलाबी मोहक पंखुड़ियाँ, अधर कोमल कमल समान।

बन ठन, साज शृंगार कर स्वयं का रख ले ध्यान,
चित्रों में भर रंग तू सारे क्षण अहम संजोना जान।

स्मरण शक्ति है उत्तम साधन, करे इच्छा शक्ति उत्थान,
प्रसन्नता है जीवन आधार, प्रयोजन व्यर्थ नहीं तू जान।

सम्पूर्ण प्रयास बसे तुझमें, पाए जीवन हँसमुख उपहार,

नारी तेरा शृंगार है औषधी मूल भंडार।

अष्टम खंड - करोना काल। (Lockdown)

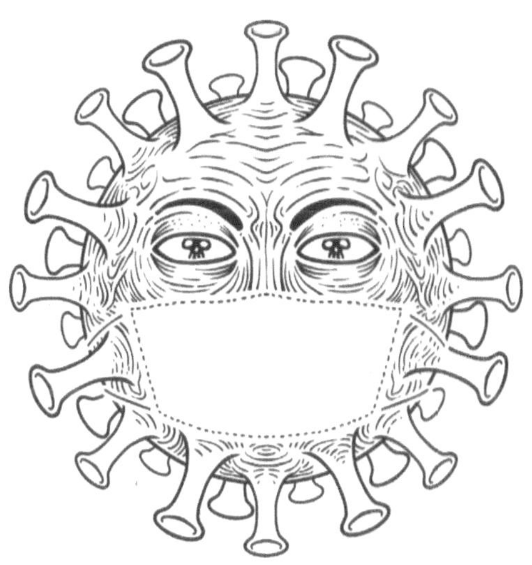

हम सभी के लिए लॉकडाऊन पूरे जीवन काल में सबसे चर्चित शब्द होगा,

किंतु मैं तो पहले भी हमेशा से घर पर ही थी।

लॉकडाऊन तो हुआ उनका जो बाहर काम को जाते थे,

मैं तो "वर्क फ्रोम होम" पहले दिन से करने में मस्त मग्न थी।

हाँ! भले काम पहले से दुगना हो गयाथा..

पर मैं भी कहाँ हार मानने वालों में से थी।

परिवार को सामने बैठ एक साथ हँसता खेलता देख,

मैं हर रोज़ इसी बहाने अपना बचपन दोबारा जी रही थी।

यूँ तो फ़िक्र रहती हर पल सभी के लिए दिमाग़ में,

सब सुरक्षित हैं सभी अपने घरों में यह जान के तसल्ली में करती गई।

माता पिता से मिले तीन वर्ष होने को आए,

अपनी कविताओं के माध्यम से मैं उनका मनोरंजन करती गई।

एक चमत्कार हुआ है लॉकडाऊन के दौरान,

अब मैं पहले जैसे चुपचाप अपनी कला को छुपाती न रही।

भावों से रच डाले थे जो इतिहास मैंने,

हर उस लेख को मैं सोशल मीडिया में प्रकाशित करती गई।

हाँ मुझे राहत है कि मैं ख़ाली बैठ चिंता मैं न डूबी रही,

बल्कि चिंता त्याग मैं हर दिन को जीती गई।

"Just as the stars whole sky shines too,

Many beautiful souls now meet in the universe..."

During the time of lockdown, we learnt the real meaning of life. So much happened since from the end of 2019 and till now almost everyone is still in the trauma of Covid-19. Every life got affected and even health is not the same too. We plan so much for future... But who knows what will happen next...?

I personally feel that life is too short to be in race. Some deep thoughts always come up in my mind... Why we create families when we know that one day we will get apart? Why we expect a lot from life? Why we forget to live happily just because we have to grow? Why we get too busy and wait to celebrate? Why we add on unnecessary stress in mind when we know that our plate is already filled with responsibilities and duties? Above all why can't we breathe freely?

One major lesson I have learnt during "Lockdown" is to take care of my own mind and soul. Everyone is deserved to be happy, healthy and stress-free. We came to this world to live life but with hate, race, differences, anger, jealousy, revenge etc... We have made life so complicated for us.

Covid-19 is an actual mind awakening time period for all. I have learnt to slow down and enjoy moments. Now I do not rush for anything. I have left everything on time. Writing poetry, making poetry videos and dancing helps me a lot to easy my mind.

Art has a power to bring a change in life. Every talent is unique and helpful to grow happiness in mind. Both art and artists have played important roles in everyone's lives during lockdown. By inspiring each other many artists came live on social media to entertain and keep depression away from people's life as much as possible. Although lockdown is over but the process of spreading positivity is still going on. Entertainment is a best medicine for anything. I hope this medicine won't stop ever. I pray for peace and happiness for everyone.

Here are some inspiring poems from Lockdown.....

1. उम्मीदें जीवन पाएँगी।

नव सूरज फिर उभरेगा
फिर से ख़ुशी घर आएगी,
हरियाली फिर बिखरेगी
कोशिश असर कर पाएगी।
उम्मीदें जीवन पाएँगी
राहत हर लौट आएगी,
नव सूरज फिर निकलेगा
फिर से धरा मुसकाएगी।

सबकी आवाज़ें भीतर छुपी हैं
लेकिन वे न सोईं हुई हैं,
वे भीतर से फिर बाहर
शक्ति को लेकर आएँगी।
विश्वास के लेप से जनता
पृथ्वी को राहत दिलाएगी!
उम्मीदें जीवन पाएँगी
राहत हर लौट आएगी,
नव सूरज फिर उभरेगा
औषधि बन किरणें छाएँगी।

धरा चाह रही थी क्षणभर को रूकना

वायु प्रदूषण से मुक्त करो ना,

नभ ने भी गुहार लगाई

थोड़ा विश्राम मुझको है करना।

शुद्ध साँसें जो भरना है बन्दे

सृष्टि को तू दूषित यू कर ना!

उम्मीदें जीवन पाएँगी

प्रयास से राहत आएगी,

नव सूरज फिर उभरेगा

प्रकृति भी आराम पाएगी।

विश्व-मारी की चपेट में पड़के

भय से जगे हम सोए थे कब से,

अब जग जो गया तू है मानव

सबको भी संदेश तूने है देना।

जो दिन रात रक्षक खड़े हैं

आदर में उनके नियम से है चलना!

उम्मीदें जीवन पाएँगी

वायरस से पीछा छुड़ाएँगीं,

नव सूरज फिर उभरेगा

एकता अपनी रंग लाएगी।

नव सूरज फिर उभरेगा
फिर से ख़ुशी घर आएगी,
हरियाली फिर बिखरेगी
कोशिश असर कर पाएगी।

2. साँसों की महत्ता।

जीवन में साँसों की महत्ता के आगे सब ढेर है,
पैसा, रुतबा, तकनीक और छप्पन भोग भी असफल है।
हम ख़रीद तो सकते हैं चंद साँसें आक्सीजन सिलेंडर
के सहारे,
किंतु साँसों को स्वयं से बाँधे रखना एक असम्भव खेल है।

आज जिस दौर से हम गुज़र रहे हैं,
प्रथम आने की दौड़ में हम हाँफतीं दुनियाँ से भिड़ रहे हैं।
यह उखड़ती साँसों का तो क़सूर क़तई नहीं,
हमने जो बोया आज वो ही तो हम काट रहे हैं।

चार मीटर की दूरी और साँसें हो अपनी अपनी,
न मिलना गले.. कि छूत की बीमारी हम ही तो फैला रहे हैं।
जीतना था पृथ्वी को ब्रम्हाण्ड में न जाने किस से हमें?
अपनी ही जान से आज हाथ हम धोते जा रहे हैं।

क़ीमती उपहार खुलते ही अपनी अहमियत घटा देते हैं,
एहसास हुआ कि रुपयों से अल्पकालिक ज़रूरत ही हम पूरी
कर पाँतें है।
प्रकृति ने अपनी महत्ता स्वयं से भलीभाँति दर्शा दी है,
आशा है कि मानवता की आत्मा झिंझोड़ने में प्रकृति सफल
हो पाई है।

अच्छा स्वास्थ्य, स्वच्छ पर्यावरण और परहेज़ जीवन में
अनिवार्य है,
प्रतियोगिताओं में एक और चुनौती से भिड़ने की अब हम
तैयारी में है।
अब मिलेंगे दमको के बदले पौधे और आक्सीजन सिलेंडर
प्रतियोगियों को,
क्योंकि खेल होगा निरोग श्वासों को भरने का..
जिसे भरने की दौड़ में हम खोखले होते जा रहें हैं।

जिसकी ज़्यादा साँसें उखड़ी और रोगों का पलड़ा भारी होगा,
उसका ईनाम भी उतना ही बड़ा और अनिवार्य
समझ आता है।
हर मुसीबत का तोड़ है मानव के पास,
अविष्कारों के माध्यम से भला और बुरा सब साथ साथ
बोता है।
बस इसी स्वभाव से ऐ मानस तू लापरवाह कहलाता है!

जीवन में साँसों की महत्ता के आगे सब ढेर है,

पैसा, रुतबा, तकनीक और छप्पन भोग भी असफल है

हम ख़रीद तो सकते है चंद साँसें आक्सीजन सिलेंडर
के सहारे,

किंतु साँसों को ख़ुद से बाँधे रखना एक असम्भव प्रयास है।

3. जल, अग्नि, वायु, धरती एवं आकाश।

जल मेला, अग्नि है भड़के
वायुमण्डल में श्वास नहीं,
धरा आकाश न चीख उठें
कि मेरा उनपे भी अब अधिकार नहीं।

ऐ धरा! अब तू न कह देना
कि मैं तुझपे बोझ बन जीता हूँ,
तू माता मेरी है आकाश पिता
तुझमें बसता हूँ पर उखड़ा हूँ।

उखड़ा हूँ चूँकि तू तड़पे
यह घर मेरा है उजड़ा क्यों?
देख के पीढ़ा मात-पिता की
शर्मिंदा हूँ.. भयातुर हूँ।

जल दूषित, वायु प्रदूषित,
हूँ लापरवाह! हाँ मानता हूँ।
प्रकृति को पहुँचाएँ आघात कई
इस शोकाकुल में डूबा हूँ।

क्षमा करो सृष्टि के संचालक,
मैं मानव कितना भद्दा हूँ।
अक़्ल का अंधा, अहंकारी
प्रकृति के दुख का दोषी हूँ।

छल कपट और भेद भाव से
भरा हुआ मैं लोभी हूँ,
क्षति समय भी लूट पाट कर,
हुआ मानवता का मैं अपराधी हूँ।

ब्रह्माण्ड के देव सभी हैं रूठें,
मैं सबके दुख का दोषी हूँ,
कहाँ कहाँ करूँ भरपाई?
मैं भटका हुआ निरुपयोगी हूँ।

निरुपयोगी चूँकि न जानू
दोषों को कैसे स्वयं से परे करूँ?
करते हैं जो प्रयास सुधार में
मैं उनके प्रयास के आड़े हूँ।

हूँ जल, वायु, अग्नि से जीवित
मैं धरा आकाश में पलता हूँ,
मेरा मुझमें स्वयं का कुछ नहीं
बस अहंकार में जीता मरता हूँ।

क्या है निवारण इस बीमारी का
मैं सोच सोच कर अब डरता हूँ।
हुई क्षति को भरना है असंभव
मैं फिर भी संभव की कामना करता हूँ।

त्राहि त्राहि महादेव मेरे,
बस एक आस ही है विश्वास भरी,
दिन रात जो रक्षक लगे हुए हैं
उनके प्रयास में सबकी अरदास जुड़ी।

जल मेला, अग्नि है भड़के
वायुमण्डल मैं श्वास नहीं,
धरा,आकाश न चीख उठें
की मेरा उनपे भी अब अधिकार नहीं।

4. लॉकडाउन।

वो लाल घर को चल पड़ा
माँ राह उसकी ताकती,
वो औलादें ढोते भटक रहें
महामारी धरे शक्ल बेरोज़गार की।

पटरी पे पग हैं सरक रहे
कोई रेल न किसी गाँव की,
भय करोना खा रहा
भूख परिवार की देख रूहें काँपती।

हम घरों में हैं सुरक्षित
हैं परिवार की निकटता भली,
पक रहे व्यंजन नये
प्रदर्शन कलाओं की लुभा रही।

बैठें हैं हम आराम से
तस्वीरें दर्दनाक सब दिख रही,
धर दबोचे करोना कहीं
और भूख ने हड़पी जाने कई।

न ज्ञान रामायण प्रसारण उसे
महाभारत जीवन में छिड़ रही,
के बच्चों के सम्मुख
विवशता मुख ढाक अश्रु बहा रही।

रोज़गार सब बंद कर
बोरी बिस्तर लपेटे भीड़ राहों में है बड़ रही,
कैसे.. कब..और कितनी क्षति से
शांत होगी ग्रहण रूपी विश्वमारी?

हे प्रभु! कर उम्मीदें चमत्कार की
आस बाँधे हुए ज़िंदगियाँ हैं कराह रही।
दिन रात चित को ये छल्ली करती
चित की गुहार तुम तक क्यों न जा रही..?

5. घर पर रहिए, सुरक्षित रहिए।

प्रयास सभी हैं कर रहे,
चल तू भी सबका साथ दे।

पद से जुड़े कर्तव्य से
व्यक्तित्व की पहचान से,
न श्रेणी कोई, न ओहदा प्रदर्शन
दिन रात सेवा सब हैं कर रहे।

चित में धरी हैं महत्ता
उत्तरदायित्व की एवं स्वस्थ समाज की,
भीतर आत्मा जंग लड़ रही है
वह जग की प्रार्थना बन के हैं खड़े।

वर्दी को धारण स्वयं कर
मसीहे उतरे हैं मैदान में,
सबके निराले रूप हैं
कर रहे वह सेवा पूरे भाव से।

ओ शैतान! सुन ले तू ज़रा
न हारना मंज़ूर है,

तेरी गिरफ़्त से भिड़ती भीड़ का भी
स्पर्श मिले आशीर्वाद में।

कोई चित्र से, चलचित्र से,
कहानी, काव्य भाव से,
नृत्य एवं मुद्राओं की भाषा
और परिभाषा के आधार से।

प्रयास सब हैं कर रहे
अपना योगदान वे हैं दे रहे,
घर बैठे हुए भी हैं वे जंग में
जोश होश से हैं लड़ रहे।

अवतार एक विश्वास हैं
वह जन्म ले आभास से,
समझ सको तो सब हैं सम्भव
जो हम सम्भलें नहीं तो लापरवाह बने।

प्रयास सभी हैं कर रहे
चल तू भी सबका साथ दे,
दूरियों का महत्व समझ
और बस बैठ घर सब कुछ त्याग के।

6. बचपन।

वह बचपन अनूठा जैसे सुनहरा स्वप्न
मीच नैना टटोलूँ में एक एक स्वर्ण,
कर इकट्ठा स्वर्ण राशी रख मैं पलकों तले
इतराते आज से करूँ मैं कल का वर्णन।

वर्णन की व्याख्या में हर सुख हैं सम्भव
बैठ जीवन बिता दूँ मैं हर बीते कल पर,
जैसी बेफ़िक्री शिशु माँ की गोद में पाता है
वैसी सहजता से सदैव धनी रहा मेरा मनोबल।

सब संभव था, कुछ भी शंकालु सा न था
साधारण से जीवन में था मौलिक बस मेरा घर,
माता पिता और भाई रहते थे एक स्पर्श की दूरी पर
अब टेलीफ़ोन का महत्व है दूर दर्शन के ऊँचे स्तर।

न था ज्ञात आज परिस्थितियाँ बन के उभरेंगी संवाद
कि त्रस्त जीवन सभी के होते आएँ नज़र,
जैसे निद्रा से जाग हुआ है हमको यह आभास
सब छूट रहा है धीरे धीरे, स्वर्ण स्मृतियों के धन की महत्ता
आये समझ।

रफ़्तार की दौड़ में जीवन दौड़ाती घसीटी जाती पूरे पहर
टूटती काया रूठती छाया तरसते कहे थोड़ा आराम तो कर,
जाने किस छोर को छू कर तसल्ली पा जाती व्यस्तता मेरी?
औंधे मुँह गिरे हर ओर मेरी कल्पना योजना प्रत्याशा
के स्वर।

साईं समझें मेरे मन की स्तिथि मुझसे बेहतर
बंद आँखों के प्रेम से स्वर निकले निरंतर,
आज जीवन खड़ा है एक भयंकर किनारे
एक क्षण में ही पल अल्पकालिक हुआ सब।

साईं..! मैं और मेरे जैसे सभी तेरे बालक
आश्वासन सिरहाने सर रख दें तेरे दर,
कब और कैसे हो जीवन पहले जैसे?
जो न हो सका तो.....
एक डर है निरंतर! जो दे भीतर में दस्तक।

आज है एकांत भरपूर और अब चिंतन हो सम्भव
स्मरणशक्ति के बल से जो मैं पहुँचूँ तेरे घर,
एक अनुरोध कर आशा मन में लिए मैं
चाहूँ पहले से बेहतर हो आने वाला नया कल।

चयन कर लो प्रभु और समय भी ले लो अनुकूल
नव अमृत-मंथन की क्रिया का है विचित्र सा विवरण,
नहीं साधारण सा दौर ये लक्षण है जैसे भारी प्रकोप
सहनशक्ति एवं सुबुद्धि से ही हो पाए दुविधा का हरण।

वैज्ञानिक युग में है छिड़ा हर ओर जैविक युद्ध
मुख्य शक्तियाँ साहसी बन खड़ीं विश्व रक्षक ढाल स्वरूप,
एक ओर जीव प्राण खो रहें और दूजी ओर प्रकृति जी उठी
पीढ़ा के महायुद्ध में आधुनिक नायकों ने धरा ईश्वरीय रूप।

हस्त उँगलियों की तरह हैं परिवार के सभी सदस्य
हैं एक छत तले नियमित दूरी का वह निभाते नियम,
रक्षक टोलियाँ बनी घर घर सबकी भली
बंद मुट्ठी की ताक़त में है अलौकिक विक्रम।

सीख गहरी मिल रही भीतर भय यह कहे
न ले जीवन को सस्ते में क्योंकि है यह अनमोल रत्न,
सगे सम्बंधी सभी और सुंदर यादें जीवन की
हैं पूँजी, विरासत बाक़ी अस्थायी है जीवन के सारे धन।

स्वर्ण असीमित समाएँ नैनों के पारदर्शी पिटारे
बहाव में बहने को बाहर हो आतुर वह अक्सर,
लुढ़कने लगे जो वे बाहर तो मैं मन में छुपा लूँ
भीतर के कोष में हैं सुरक्षित स्वर्ण रूपी हर क्षण।

हाँ! वह बचपन अनूठा और चित में हैं विकसित सुनहरे
हर स्वप्न
प्रभु के काँधे सर रख कर मैं स्वर्णों का पाऊँ दुर्लभ दर्शन,
कर इकट्ठा स्वर्ण राशी रखता हूँ मैं बंद पलकों तले
बिगड़े आज में भरना चाहूँ मैं अमूल्य प्रेम धन का हर कण।

7. हमारे प्यारे बुज़ुर्ग।

God's most precious work of art is the warmth and
love of a grandparent's heart...."

ये बेशक़ीमती धनराशि
ये पूँजी पूरे जीवन की,
जो आज सामने बैठी है
वह कल ओझल हो जाएगी।

जो वक़्त मिला तू बाँट ले संग
न वाणी तेरी सुन पाएगी,
तू तस्वीरों में खो जाएगा
और यादें तुझे रुलाएँगीं।

अनमोल बने रिश्तों की डोरी
वह नज़र किसे न आएगी,
दुआ तो भेजेगी वो जन्नत से
पर तुझे लाड़ लड़ा न पाएगी।

दादा दादी, नाना नानी की शक्लें
कहानी में ढल जाएँगी,
दिमाग़ कुरेद तू थक जाएगा
बातें उनकी तेरी हरकत में भर जाएँगी।

आज के व्यस्त जीवन में भले
यह बात समझ न आएगी,
जब थक हार कहीं तू बैठा कोने
बचपन की यादें ज़हन घर कर जाएँगी।

कोरोना ने दिल झिंझोड़ दिया
अब इससे भारी क्या विपदा आएगी?
आज की दूरी में बीते कल की
अहमियत हर पीढ़ी जान अब पाएगी।

ये बेशक़ीमती धनराशि
ये पूँजी पूरे जीवन की,
जो आज सामने बैठी है
वह कल ओझल हो जाएगी।

8. महामारी।

(Helpless.. but staying strong)

हाथ बँधे हैं मेरे
मजबूरी आँखों को ढाँक रही है,
है दुविधा संसार में फैली
दहशत मुझमें तूफ़ान लिए खड़ी है।

है दृष्टि में कोलाहल कैसा
जीभा थर थर काँप रही है,
हृदय को पहुँचे भाव बवंडर
मुख से पीढ़ा बोल रही है।

मैं देख रहीं हूँ चहुँओर चुनौती
लाचारी अश्रु बहा रही है,
पूजन सेवा संयम विश्वास
हर आस कराह रही है।

बूढ़ा चित और बूढ़ी काया
मेरी हैरान बड़ी है,
संसार में फैले विष अदृश्य का
क्या तोड़ बना कोई है?

भोग लिया हर सुख जीवन का
हर अभिलाषा पूरी कर ली है,
किंतु पीड़ित बाल- युवा को
देख आत्मा मेरी तड़प उठी है।

अपने बचपन का जो स्मरण करूँ मैं
हर कथा मेरी सुहावनी है,
किंतु यह क्या? आज के बालक
यह कैसी भाग्य रेखा तेरी है?

नन्हे नैनों की अभिलाषाएँ चुप
और इच्छाओं ने हठ न की है,
प्रार्थना भाव में ठहराव घना है
मानो समझ तेरी जग गई है।

मैंने जैसा तुझे सुनाया
वह बचपन अब वैसा नहीं है,
लाचार हुई मेरी समझ- बूझ अब
बस प्रयास की आस रखी है।

चमत्कार कर दो ईश्वर
जग की उम्मीद कृपा दृष्टि पर आ टिकी है,
हर बालक के मन का डर हर लो
एक माँग आपसे बस यही है।

अतीत को ध्यान रख वर्तमान का
अनुरोध आपसे एक ही है,
परिस्थितियाँ रही पुकार प्रभु
भविष्य की चिंता सता रही है।

हाथ बँधे हैं मेरे
मजबूरी आँखों को ढाँक रही है,
है दुविधा संसार में फैली
दहशत मुझमें तूफ़ान लिए खड़ी है।

९. प्रेम लेप।

प्रेम लेप देना प्रभु जो जी (soul) पहुँचे आपके द्वार,
झुलसी हर उम्मीद को प्रभु देना आप पखार।

त्राहि त्राहि चीखती हर भटके मन की आस,
प्रकृति की ही गोद में सब रह रहे भय के साथ।

मुँह को आए कलेजा और नैनों में करुणा बाँध,
देख के पीढ़ा जीवों की न जाए ओर कहीं अब ध्यान।

जीवित भी जो बच गये उनमें उबले दहशत बनके आग,
घातक अनुभव सह गये जाने कितने परिवार।

जो आग लगी वह छोड़ेगी सदियों अपना प्रभाव,
जलवायु परिवर्तन से जुड़े जगह जगह के तार।

सृष्टि के आँचल भरी है बहुरि शक्ति प्राणी तू मान,
और सृष्टि की ही कोख से पनपे सभी ओर खाद्यान्न।

काश की छोड़ के तर्क फ़र्क़ हम सब सृष्टि पर भी दें ध्यान,
प्रयास कर रहें रक्षक, सेवक कि सुधरे आज हालात।

देखके पीढ़ा हर ओर प्रभु जी करूँ आप से मैं अरदास,
प्रेम लेप देना प्रभु जो जी पहुँचे आपके द्वार।

प्रभु कर दो ऐसा चमत्कार कि हर जन पहचाने
अपनी औक़ात,
सब धरा रह जाएगा.. प्रतिशोध, जंग, जीत और हार।

10. शक्ति।

हर रूप में शक्ति आप खड़ी

पहने ईश्वर दिया वह ताज,

विपदा घड़ी हर ओर जुटी

दिन रात कर रही वह जन कल्याण।

अभ्यास एवं अध्ययन महत्व जिसे

और समर्पण बनी पहचान,

साधना में अपार है शक्ति

सेवा उसका मार्ग प्रमाण।

जग के नैना ताक रहे हैं

हर उम्मीद जुड़ी एक राग,

पूजा, प्रार्थना, आस्था में

हो सबकी एक अरदास।

वैद्य हो या सहयोगी हो

बहुमूल्य सभी हैं आज,

सबकी ऊर्जाशक्ति बन

धरे संयम संग विश्वास।

सूरज प्रात: उगता है
है ये नव दिन का ऐलान,
प्रयास ही है कर्तव्य ऐ मानव
कहे सृष्टि उद्देश्य समान।

माँ! शक्ति में शक्ति भर दो
हर भक्ति के स्वर एकाकार,
जो सेवक आपकी कोख से जन्मे
उसे कवच भी देना आप।

हर रूप में शक्ति आप खड़ी
पहने ईश्वर दिया वह ताज,
विपदा घड़ी हर ओर जुटी
दिन रात कर रही वह जन कल्याण।

नवम खंड - प्रेम धुन।

Love is the most beautiful and essential feeling in life. Being a great strength, showing concern on every step, giving a space to achieve freedom to become independent, enjoy the happy moments together, celebrate life together, face good or bad times together, always be supportive towards each other to help in rising and to become stronger, learn to be understanding and above all care for every emotion of a life partner is true love.

Love for me is you and with you I feel loved everyday!

1. बस तेरा प्यार है हक़ीक़त।

तेरे काँधे पे जो सिर रख दूँ तो कायनात मुस्कुराती
नज़र आती है,
मानो मुझे जो राहत मिली तो उम्र फ़िज़ाओं की बड़ जाती है।

एक तू और तेरा प्यार है हक़ीक़त..बाक़ी सब धुँआ सा
लगता है,
तेरी बाहों के घेरे में मेरी रूह को ठंडी तासीर मिल जाती है।

उथल-पुथल और हलचल भरी है ज़िंदगी बाहरी दायरे में,
तेरे पहरे में सुकून को भी राहत बेशुमार मिल जाती है।

शुक्रगुज़ार हूँ मैं मेरे ख़ुदा की दी रहमतों की और
तेरी भी सनम,
मुझ पत्थर में जान फूँक कर तेरी चाहत कमाल करती है।

बस रहना है यहीं..अब और कहीं न आराम मिलता है मुझे,
तेरी धड़कनों की धुन मेरे कानों में नज़्म बुनती जाती है।

तेरे काँधे पे जो सिर रख दूँ तो कायनात मुस्कुराती
नज़र आती है,

मानो मुझे जो राहत मिली तो उम्र फ़िज़ाओं की बड़ जाती है।

2. कशिश।

तेरे ख़्वाब की कशिश

तुझे पा जाने से भी गहरी है,

तू समंदर है, रोशनी है

और है नीला आकाश मेरा।

तुझे जितना भी पा लूँ कम ही लगता है मुझे,

कि भरता नहीं मन, न थकता है..

तुझे तकता है सदा।

3. प्यार बेहिसाब।

तू खींचता है लकीरें
मैं उनपे चल देती हूँ,
ज़मीन से आसमान तक
तू ही सीढ़ी लिए खड़ा है।
मैं बेअदब..बेअक्ल..
बदमिज़ाज हो भी जाऊँ तो,
मेरे ऐबों को परे रख
मुझे प्यार तू बेहिसाब दे रहा है।

4. धुँधली तस्वीर।

ये तस्वीर थोड़ी धुंधली है,

पर जज़्बात पानी के रंग से हैं।

तू सुर बन के समाया है मुझमें,

हर एहसास तेरे मुझमें तरन्नुम से हैं।

ये सितारों की महफ़िल,जुगनुओं की बारात,

दौलतें सब तेरी सजी मेरी पलकों पे हैं।

तुझसे ही रवाँ हो इन साँसों में महक,

तेरी ही चमक इन निगाहों में है।

तू ही लहर बन झूम के उठता है मुझमें,

तू ही सब्र बनके मेरी फ़ितरत में है।

तू ख़ामोशी में शोर और तन्हाई में महफ़िल,

हर पल समाया तू मुझमें है।

ये तस्वीर थोड़ी धुंधली है,

पर जज़्बात पानी के रंग से हैं….."

5. मेरी पहचान है तू।

तू मुझमें ठंडी तासीर की तरह आ मिलता है,
कानों को सुर जैसा सुनाई देता है।

माथे की गोल बिंदु में रंग लाल बन संवरता है,
मेरा शृंगार है तू, गहना बन सुंदरता मुझमें भरता है।

मुझमें इतनी भी कमाल कोई बात नहीं,
बन भरोसा मेरा तू हर कोशिश में हाथ थामे रहता है।

ज़मीं आसमाँ और चमकती सितारों की बस्ती,
तेरी आँखों में हर सुंदर नज़ारा बसता है।

तू मुझमें ठंडी तासीर की तरह आ मिलता है..”

6. तू शृंगार रस।

तू शृंगार रस, तू है भाव गीत,
तू मनभावन, तू ही मन का मीत।

तू राग है, तू छंद है,
बन स्वर उठे मुझमें तू प्रेरणा प्रतीक।

बन मुखड़ा सजे जैसे चाँद चार,
अंतरों में तू बैठे सटीक।

है लाली सुबह की और है साँझ संग,
श्यामक शाम तू, मैं हूँ चाँदनी तेरे समीप।

तू शृंगार रस... तू है भाव गीत,
मेरे शब्दों को आकार हैं सौंपती तेरी प्रीत।

7. संगमरमर साथ तुम्हारा।

तुम्हारा साथ लगे संगमरमर सनम,
मेरे ख़्वाब तुम्हारी चमक में पलें।

तुम्हारे हँसने से दिल ख़ुश होता है,
तुम्हारे छूने से ठंडक रूह को मिले।

तुम्हारा प्यार मेरे संग संग है सनम,
तुम्हारी छाप मेरे रग रग में बसे।

तुम लहू में रवाँ गाढ़ा रंग हो सनम,
तुम्हारे होने से लाली जीवन में सजे।

8. मेरी जान तुम।

जैसे बरखा और बादल
जैसे लहरें और सागर,
जैसे फूल और महक
जैसे पंछी और चहक।

जैसे साँझ और सुबहा
जैसे नदियाँ और किनारा,
जैसे सितारें और नज़ारे
जैसे चाहत और बहारें।

जैसे समंदर और माटी
जैसे दिया और बाती,
जैसे धान और किसान
जैसे स्वाद और मिष्ठान।

जैसे गीत और तराने
जैसे नग़मे और फँसाने,
जैसे नींव और इमारत
जैसे प्यार और इबादत।

जैसे दुआ और उम्मीद
जैसे कोशिशें और जीत,
जैसे काश और हक़ीक़त
जैसे वफ़ा और हिफ़ाज़त।

तुम हो हम में वैसे
हम तुम जुदा रहेंगे कैसे?
हम दोनों हैं कुछ ऐसे
एक दूजे की जान हो जैसे।

9. मेरी दवा... मेरी हक़ीम।

तू ही मेरी दवा है

तू हर दुआ में शामिल,

तेरा नाम लेते ही

मन में गुदगुदी सी होती है।

न दर्द का एहसास हो

और मर्ज़ का इलाज हो,

तेरे हर मज़ाक़ में

शहद ख़ालिस घुली होती है।

हक़ीम तू मेरा

मैं जान हूँ तेरी,

चहकने से मेरे

हरकत तुझमें भी होती है।

क्यों हो उम्र का लिहाज़

बस तू ही है मेरे पास,

ज़माने ने कब आकर हमारी ख़ैरियत पूछी है?

हँसाने के बहाने
मिलने आया कर सनम,
तुझमें बसी मेरी
हर आरज़ू साँसें भरती है।

तेरे हाथों की गर्मी में
है ग़ज़ब का एक टोटका,
तेरे छूते ही सुन्न बदन में
बिजली रवाँ होती है।

तू ही मेरी दवा है
तू हर दुआ में शामिल,
तेरा नाम लेते ही
मन में गुदगुदी सी होती है।

10. बस तेरी चाहत।

उगती सहर में मैं
चेहरा तेरा निहार लूँ,
ज़िंदगी सफ़र है लम्बा
मैं थमकर थोड़ा आराम लूँ।

हर पहर की दौड़ धूप से
रुक के आराम लूँ,
बस चेहरा तेरा निहारूँ
और राहत की लम्बी साँस लूँ।

राहत है कि तू साथ है
ढेरों शुकराने मैं करूँ,
ज़िंदगी मेरी पूरी सनम
बस तेरे एतबार में जीऊँ।

रब से मुरादें माँग लूँ
तेरा नाम दुआओं में मैं लूँ,
आ तुझ पे समा ये वार दूँ
आजा कि बाहों में मैं भरूँ।

उगती सहर में मैं
चेहरा तेरा निहार लूँ..."

11. हमारी मोहब्बत।

जिस मोहब्बत को बरसों पहले हमने उस तस्वीर में
डाला था,
उसे ज़िंदगी बनाकर हमेशा ख़ुद में भी हमने ढाला है।

तुम्हारी आदत मुझे तब भी मदहोश कर देती थी,
तुमसे लगाव आज भी उतना है कि सजना संवरना मुझे
भाता है।

तुम्हारी नज़रों में मैं ख़ुद को रानी ही लगा करती थी,
वक़्त यू बदला है कि अब महारानी रूप मुझ में
उभर आया है।

मुझे ज़िंदगी से कोई शिकायत पहले भी नहीं थी,
आज भी पूरी राहत से मेरा एतबार तुम्हारी मौजूदगी में दम
भरता है।

उस दिन के इकरार में मैंने मेरा दिल तुम्हारे नाम कर
दिया था,
तुमने भी ख़ुद का लम्हा लम्हा मेरे हवाले बेहिसाब किया है।

मेरे सरताज मुझमें ख़ास बनकर जीने के लिए शुक्रिया,
मेरे जज़्बे में अपनी ताक़त भरने के लिए शुक्रिया।

12. तू है मेरी मोहब्बत।

मैं जिस भी डगर चला

तू हमसफ़र बन के मेरे साथ है चली,

न सिर्फ़ बातों से..

तू हर हरकत से मेरी जीवन संगिनी बनी।

तुझे देख दिल को तसल्ली होती है

कि दुआ रब से हर बार क़ुबूल है हुई,

तेरी चाहत है मेरे लिए

तेरे मिज़ाज में मेरी फ़िक्र मुझे हर बार है दिखी।

मानो बादलों की चादर बिछी है

सुहानी हवाएँ भी हैं चल रही,

सख़्त चट्टान जैसा दिल मेरा

और बैठी है मेरे रूबरू मेरी ख़ुशी।

इस कुदरती माहौल में भी

ख़ुशबू तेरी ही है आ रही,

जब तक मुहब्बतों ज़िंदा हैं जहान में

तू दिल में रहेगी बनके धड़कने मेरी।

13. तेरी मुस्कान।

हाँ..!
ये शक्कर का काम करती है,
तेरी मुस्कान
सूने मकान भरती है।

आँखों में भर दे ये उमंग
चेहरा निखरे है लाल रंग,
हसरतों को सुनहरे पंख ला सौंपती है,
तेरी मुस्कान सूने मकान भरती है।

हिम्मत बन मेरी
मुझसे मेरी रज़ा अक्सर ये पूछती है,
दिल की धड़कनों में तरंगें बरकरार रखती है,
तेरी मुस्कान सूने मकान भरती है।

हल्की तेरी मुस्कान
भारी सवालों के जवाब बनती है,

मुझमें बोल जहाँ ख़त्म हो
वहाँ तेरी मुस्कान बोलती है।

तेरी मुस्कान सूने मकान भरती है।

14. हमसफ़र।

हमसफर तू साथ है और कुछ न चाहिए,
एक हँसी तेरी मेरे हर दर्द की सुनवाई है।

खिलखिलता चेहरे तेरा सो ग़मों को चीर दे,
है मेरा सारा जहान तू हर दम मेरी परछाई है।

हमसफ़र तू साथ है......

अच्छे बुरे सब दौर हैं पतझड़ सावन की तरहैं,
महसूस है एक एक घड़ी पर संग तेरा है सबसे जुदा।

आसरा तेरा है मुझको और रूह को मिले सुकून है,
है मेरा सारा जहान तू हर दम मेरी परछाई है।

हमसफ़र तू साथ है.....

मेरी ख़ुशी तुझसे बनी, तेरी ख़ुशी का राज मैं,
मानो की सागर बदौलत लहरों में पनपीं आवाज़ है।

साथ है.. आवाज़ है.. जोड़े हमें वो बात है,
है मेरा सारा जहान तू हर दम मेरी परछाई है।

हमसफ़र तू साथ है......

हमसफ़र.. हमराही कहूँ या कहूँ हमराज़ मैं?
हम में तुम में कुछ अलग न, एहसास ये तो ख़ास है।

यूँही कटे ये जिंदगी, चाहे मिले न हर ख़ुशी,
है मेरा सारा जहान तू हर दम मेरी परछाई है।

हमसफर तू साथ है और कुछ न चाहिए,
एक हँसी तेरी मेरे हर दर्द की सुनवाई है।

15. तेरी बाँहों में।

तेरी बाँहों में है समाया पूरा जहान मेरी जान,
सुकून भी यहीं है और सारे हल भी यहीं।

है गगन भी समाया, धरा भी है पायी,
मीठे झरने बहें तेरे भीतर सनम..."
मन गोते लगाता है तुझमें वहीं।

लाखों में कहूँ या करोड़ों में एक,
न तुलना में देखा तुझसे बेहतर कोई।

बीते जन्मों के खातों से जुड़े हैं कुछ अच्छे करम मेरे,
तूने थामा जो दिल.. दिया मार्गदर्शन सही।

मुझे मेरी ख़ुशनसीबी के संग बाँध कर,
मुझे तुझसे जो जोड़ा, मेरे अपनों का ये फ़ैसला था सही।

बना मेरा मान तू और मेरी पहचान तू,
तुझपे वारूँ मैं दुनिया की सारी ख़ुशी।

मुस्कुराहट तेरी बन जाए मेरे गीतों के बोल,
तू तरन्नुम में है और लय भी तुझ ही से बनी।

तुझसे हर दिन मेरा, रातें सुकून से भरीं,
है मिलन ये निराला, तू मेरा देव है और मैं हूँ पूजा तेरी।

रब से माँगी दुआ को आकार ऐसा मिला,
तेरी क़िस्मत से मेरी ख़ुशनसीबी मिल गई।

सिलसिले ये बड़ेंगे और मज़बूती भरेंगे,
तेरी बाँहों में है पक्का घर कर लिया..."
साँसें भरतीं रहूँगी जीवन भर यहीं।

लेकर गीतों का रूप दोहराते रहेंगे,
हर एक क़सम जो है मन में गढ़ी।

बलाएँ भी लूँ मैं और तुझसे प्रेम जी भर करूँ मैं,
अरदासें करूँ कि ईश्वर की कृपा तुझपे सदा रहे बनी।

तेरी बाँहों में है समाया पूरा जहान मेरी जान,
सुकून भी यही है और सारे हल भी यहीं।

दशम खंड - दोस्ती।

श्री कृष्ण और सुदामा का रिश्ता सच्ची दोस्ती की एक उत्तम मिसाल है। अगर कोई मित्र अपनी कठिनाइयों में तुम्हें याद करे तो समझना तुम उसकी हर उम्मीद हो। और अगर कोई कृष्ण जैसा दयाल बिन बोले ही अपने मित्र की परेशानी समझ उसके जीवन में सुख भर दे, तो समझ लेना उस मित्र पर प्रभु की भरपूर कृपा है।

Friendship is a worship between two hearts. Always be truthful & faithful towards your friends. Life is difficult for everyone, during difficult times we need true friends the most. So be thoughtful and always appreciate true friendship. Because it's nearly impossible to have a friend like Krishna to Sudama but setting an example of true friendship is always possible..

1. अतरंगी यारी

यारी में यारों से

बस थोड़ी सी उम्मीदें हो,

दुनिया न हो साथ भले

यारी के रंग न धुँधले हो।

यारी में यारों से

बस बीते पल की बातें हो,

आने वाले कल से

न डर हो न कोई परवाह सी हो।

जब बैठे कोई यार निकट

दिल हल्का होता जाता है,

इतराती है सोच भी अपनी

जब यारी कोई यार निभाता है।

यारी में यारों से

बस थोड़ी सी उम्मीदें हो,

घाव मेरे वो ढाँक हँसाए

मेरी दुखती रग का रक्षक है वो।

जो कह दे मैं विश्वास हूँ तेरा

सीने लग पीठ थप थपाता है,

जग को कया साबित करना है

जब यार मेरा सच जानता है।

यारी में यारों से

बस थोड़ी सी उम्मीदें हो,

जो पढ़ ले मेरी आँखे तो

ढूँढ निकाले हर पीड़ा वो।

न भी मिलना हो यारों से अपना

शिकवा नहीं आसरा होता है,

जीवन के हैं लक्ष्य कई

कठिन समय सही मत यार ही देता है।

यारी मे यारों से

बस थोड़ी सी उम्मीदें हो,

भटकी मेरी सोच को वापस

जड़ से जकड़ सही राह ले आए वो।

जो न समय है ठहरा

न कोई शख़्स यहाँ टिक पाता है,

गहरी छाँप न हर कोई

हर किसी के दिल पर छोड़ आता है।

यारी में यारों से

बस थोड़ी सी उम्मीदें हो,
मिसाल-ए-दोस्ती की दास्ताँ
दिल में अपने ज़िंदा हो।

जो यार खड़ा हो पास में अपने
न ग़म हावी हो पाता है,
हारी सारी फ़िक्रें जब
कोई यार ग़म बाँटने आता है।
यारी मे यारों से
बस थोड़ी सी उम्मीदें हो,
संग यार चले हर क़दम उठे
डगर भले अनजानी हो।

जो रंग भरे हैं यारी में
उनका असर बेहद गाढ़ा होता हैं,
फीके स्वभाव क्यों याद करें हम
सच्चे यारों से जीवन हरा भरा ही रहता है।
यारी मे यारों से
बस थोड़ी सी उम्मीदें हो,
इस बेढंगी दुनिया में
यारों का संग अतरंगी हो।

2. दोस्त तू बहुत ख़ास है।

ऐ दोस्त सुन! तू बहुत ख़ास है,
तेरा साथ खुली आँखों का सुंदर ख़्वाब है।
अंधेरे में रोशनी आँखों का नूर बनती है जैसे,
मुझपे यक़ीन तेरा बनता मेरा विश्वास है।

ऐ दोस्त सुन! तू बहुत ख़ास है,
मुझे यूँ ही नहीं तुझ पर नाज़ है।
तू चमक चाँद सी और रोशनी सितारों सी पहुँचाता है,
मिसाल सच्ची दोस्ती की देकर भी न इतराता है।

ऐ दोस्त सुन! तुझे पता है न कि तू ख़ास है,
इन दोहराते लफ़्ज़ों का तू पूरा हक़दार है।
ये राग झूठे नहीं अलापे हैं मैंने,
ये मेरे मन में बसे मेरे सच्चे एहसास हैं।

3. बचपन के दोस्त

बचपन के दोस्त कम्बख़्त आज भी दिमाग़ की नसों से जुड़े
हुए हैं,
बदले ज़माने के रंग देख नसें मेरी खिंच जाती है और वो
याद आते हैं।

उन्हीं की बदौलत मैं हक़ीक़त और बनावट में फ़र्क़ कर पाया,
बचपन के गाढ़े रंगों को आज की मतलब खोरी के ढंग चूसे
जाते हैं।

आज भी फ़ुरसत में दिमाग़ तरोताज़ा हो जाता है,
जब बचपन का कोई सुनहरा क़िस्सा याद आता है।

जान भर देता हैं दिलदार पुराना सालों बाद गले लगकर,
पूरा बचपन समेट कर दिल से अपने दिल मेरा वह भर
देता है।

बचपन के दोस्त ख़ज़ाना बन के ज़हन में बसें हैं,
आज भले वो दूर हैं और मिज़ाज भी बदलें से हैं....
हक़ीक़त वो ही थी जिसमें सब कच्ची अक़्ल में बेफ़िक्री थामे
खड़े हैं।

वो कम्बख़्त लुटेरे जो कभी निकम्मे थे पर ख़ास थे,

न जाने क्यों मीलों की दूरी पर मसरूफ़ नज़र आते हैं?

बचपन के दोस्त.... हाँ वो सारे दोस्त....!

मुझे बहुत याद आते हैं।

4. दोस्ती।

दोस्ती की मिसाल एसी हो,
कि उम्र भी उसके आगे घुटने टेक दे।

न झुकने में कोई अहम पले
न हँसने में कोई तोल मिले,
साधारण से जीवन में
अनंत सुखों के दर्श दिखें।

हाथ को हाथ का साथ मिले तो
हृदय से हृदय की डोर बँधे,
चुलबुला के हँसने मे फिर
दुनिया की क्यों रोक लगे।

जब वक़्त भाग रहा हो आगे
मेरी गति मुझे संचालन न दे,
धुँधली आँखों में थोड़ी सी
चमक कोई फिर से बिखरा दे।

ऐसे में मेरा मित्र निकट खड़ा
हम नटखट बन वक़्त को त्यागे,
कल बीता और आता कल क्या?
कौन व्यर्थ यह चिंता पाले।

संघी साथी मित्र कहूँ
दोस्त यार या सखा दुलारे,
जब जब मन उल्लास भरे
मन मेरा लगे प्रभु को पाने।

कृष्णा के मन भाये सुदामा
हनुमान हृदय श्री राम विराजे
इस युग में ईश्वर प्रेम की
डोर नि:स्वार्थ सख्य सम्भाले।

दोस्ती की मिसाल एसी हो,
कि उम्र भी उसके आगे घुटने टेक दे।

5. मेरे यार।

एक तेरी चुप्पी का सब्र नहीं मेरे पास,
ज़माना मुँह फेरे परवाह नहीं।

एक तेरी बेरुख़ी से दिल अपाहिज हो यार,
ज़माना जी तोड़े कोई मसला नहीं।

तू तू ही रहना न लगना जुदा,
ज़माना जो बदले मैं खिजता नहीं।

एक तेरी मुस्कुराहट है तारों में चाँद,
ज़माना है शोर मैं सुनता नहीं।

6. एक मित्रता ऐसी भी। भाग.1

This is Bobby! We brought him home when he was a baby. He lived with us for nearly 2 years. Everyone at home loved Bobby so much. And Bobby too showered his love on us with his adorable activities.

But we realised that we are not looking after him well. He needed bigger space, more outdoor activities, fun and regular checks. Due to our busy routine, it was unfair for Bobby to get stuck in home all day and wait for us to do something for him. When we realised our mistake then we booked him for adoption so that he could find a nice place where he can actually live happily with fun and activities. We went to drop him for adoption. We all were very sad because we got so attached to him. My elder daughter drew his portrait, I was writing poetry about him and at home every coroner was quiet because he was gone. One side we are so relaxed that Bobby is at the right place. But this is also true that we will always remember and cherish everything about him.

I started believing that God came as Bobby to our house and stayed with us. Though it was too difficult to get detached, I'm glad that God himself helped us to find a nice place for him. This is how Krishna solves everyone's problems. We are connected soul to soul. I'm sure the way we miss Bobby, he also remembers us. We will keep sending love and positivity to each other through thoughts.

"God is everywhere. in every part. as a blessing...!"

वफ़ादार वो है जो
अतुलनीय प्रेम देना जानता है,
बिन बोली..बिन भाषा के
हृदय से सच्चे भाव पहुँचाना जानता है।

मैं किस बात का अभिमान करूँ
जो मैं मानस कहलाता हूँ?
मेरी आवश्यकताओं के ऊपर
जानवर आश्वासन लेप लगाना जानता है।

मैं जग से उखड़ा रहता हूँ तो
वो जोड़ना मुझको जानता है,
मैं हार कहीं जब जाता हूँ तो
वह मन जीतना मेरा जानता है।

हाँ! वो है वफ़ादार पर मैं नहीं...
वो मेरे मतलब को पहचानता है,
फिर भी मुझको मालिक मान
मेरे स्पर्श को पाने हेतु वो लाड़ लड़ाना जानता है।

7. एक मित्रता ऐसी भी भाग.2

त्याग.. समर्पण.. मौन है क्या..?

यह भेद समझ न पाती हूँ,

हर एक परिस्थिति एवं अनुभव संग..

पीढ़ा गले लगाती हूँ।

प्रभु आए.. निवास किये घर..

उनकी छाप हृदय लगाती हूँ,

वर्षों तक जो ज्ञात हुआ न..

उस ज्ञान में डूबी जाती हूँ।

न तर पाऊँ.. न आर लगूँ..

बस जकड़े तन को ले ठिठुरती हूँ,

हूँ कृतज्ञ.. पर उधड़ी भी हूँ..

अब वापिस सिलना न मैं चाहती हूँ।

जो ख़रगोश रूप में घर आए..

उस नटखट कान्हा को याद मैं करती हूँ,

निवास किया लगभग दो वर्ष,

सौंप उन्हें वापस..मैं पछतावे में रह जाती हूँ।

प्रभु ने जो सेवा मार्ग दिया था..
निःसंदेह श्रेष्ठ उसे सदैव मैं मानती हूँ,
किंतु क्यों न समझ सकी मैं..?
सत्य न भाँपा..इसी दोष में घुटती जाती हूँ।

न सेवा कर पाई मैं आपकी..
सेवा सौंप दूसरे को मैं अरदासें करती जाती हूँ,
सखा रूप में जो प्रभु मिला थे..
उनके उत्तम स्वास्थ्य की मंगल प्रार्थना गाती हूँ।

सत्य निरंतर साथ चला..
तब की सोई.. मैं अब जागना चाहती हूँ?
प्रभु इच्छा बिन हिले न पत्ता..
इस तथ्य को भाँप अब पाती हूँ।

धन्य प्रभु! जिस रूप में आए..
मैं रूप निहारे जाती हूँ,
मन में आस्था जोत जगाकर..
मैं मंगलकामना गाती हूँ।

काया से भले दूर हैं बैठें
दूर संवेदन संपर्क पहुँचाना चाहती हूँ,
क्षमा.. शांति..सुबुद्धि एवं संयम..
मैं कण कण मैं आपको चाहती हूँ।

त्याग.. समर्पण.. मौन है क्या..?
यह भेद समझ न पाती हूँ,
हर एक परिस्थिति एवं अनुभव संग...
पीढ़ा गले लगाती हूँ।

आभार...

Gratitude..

I'm grateful for everything dear God!

Thank you for gifting me such a beautiful talent of expressing gratitude towards life. I'm thankful that poetry breathes in me. My parents' powerful prayers are with me in the form of this amazing talent. And I pray that it stays in me till my last breath. With due respect and gratitude my humble thanks to all of those who have been a great support. I'm grateful to everyone who believed in my work and always filled me with confidence in a shape of encouragement.

Thank you!

1. प्रभु कृपा।

है सात सुरों में लय जीवित,
वैसे आप बसे हो मुझमें।
आकृति सौंप विचारों को
आप बहो मेरे भावों में,
प्रभु जी! आप रहो मेरे संग में।

मुझमें मेरा कण कण हो आप,
आप ही उपजों बन बीज समान।
अंकुर फूट धरा कर पुलकित
विराजमान हो सीने में,
प्रभु जी! आप समाएँ मेरे मन में।

मैं मानस सीधा-सादा हूँ,
लक्ष्य आपको सौंप हूँ बड़ता।
ठोकर से भयभीत प्रयास का
विश्वास बनो आप इस जग में,
प्रभु जी! आप जीयो मेरे करमो में।

करूँ अनुभव मैं बारम्बार,
डूबती नौका हो कैसे पार।
ध्यान धरूँ जो ध्यान में मैं
पाऊँ स्पर्श प्रभु का संचालन में,
प्रभु जी! आप हो अंतर्मन में।

चित में उठते हर प्रश्न में,
प्रश्नों के मिलते उत्तर में।
बरखा रूपी ज्ञान बरसाये
तृप्ति पहुँचाओ भीतर मुझ सूखी भू में,
प्रभु जी! आप ही हो सीख एवं लगन में।

हो शक्ति आप अटूट, अनंत,
मैं निर्गुण, अज्ञानी, बुद्धि से मंद।
जिसे जग ने न स्वीकारा हो
उसके हो आधार जगत में,
प्रभु जी! आपका रस है मेरे काव्य सृजन में।

है सात सुरों में लय जीवित,
वैसे आप बसे हो मुझमें।
आकृति सोप विचारों को
आप बहो मेरे भावों में,
प्रभु जी! आप रहो मेरे संग में।

2. तहेदिल से शुक्रिया।

तूने दिल से दिया, मैंने हक़ से लिया,
ज़िंदगी तेरा तहेदिल से शुक्रिया।
तेरी दी अमानतों का नतीजा ये हुआ,
कि मैं बन गया शायर जो कल तक हकलाता मैं रहा।

ये अमानतें हैं तेरी और रहमतें हैं उस रब की,
सम्भाल कर रखी हैं मेहरबानियाँ और हर शफ़ा।
दिल से लौटाना चाहूँ, हर एहसान न भूल जाऊँ,
ये अमानतें तेरी बनी वजूद अब मेरा।

ऐ ज़िंदगी मेरी तेरा तहेदिल से शुक्रिया!

एक एक नज़्म रखी है जैसे गहना मेरा कोई है,
सम्भाल कर चला मैं लेकर तेरा मोती, तेरा हीरा।
दुगना कर लौटाना चाहूँ, शुकराना भी तेरा ही गाऊँ,
कोने पड़े पत्थर को तूने है खुले नसीब से तराशा।

ऐ ज़िंदगी मेरी तेरा तहेदिल से शुक्रिया!

तूने दिल से दिया और मैंने हक़ से लिया,
ज़िंदगी तेरा तहेदिल से शुक्रिया।
जब तक रहेगा दम.. मैं लिखता जाऊँगा सनम,
मैं इकलौता प्यार तेरा हूँ.. है ये समझ में आ गया।

ऐ ज़िंदगी मेरी तेरा तहेदिल से शुक्रिया!